黄文雄(台湾)が
呉善花(韓国)、
石平(中国)に直撃

日本人は中国人・韓国人と根本的に違う

黄文雄／呉善花／石平

徳間書店
Tokuma Shoten

新版まえがき　二人を直撃して分かったこと　………黄 文雄

大学で教えている友人から「台湾、韓国、中国人留学生の見分け方」についての話を聞いた。教室内でなくても、遠いところからもすぐ分かり、しかも外れたことがないと自慢気に話す。それは服装、ことに靴を見ればすぐに分かるという。

確かに学生時代はそうだろう。しかし、卒業後も帰国せず、日本で就職する残留組も少なくない。「馬子にも衣装」という諺《ことわざ》が日本にある。中国人や韓国人は案外と見栄っ張りなので、社会人になると服装から振る舞いに至るまでかなり変わるので、見分けられなくなるのではとも考えられる。ことに韓国では整形が流行っていて、大統領まで二重瞼にしたぐらいだから、「かたち」だけでは何人かは分からない。

私は日中韓の違いをしゃべり言葉の音声や語感から見分けることが多い。台湾語は泉州語と彰州語の複合語で外来語の含有率も高い。中国語と語順や文法も違う。トーンも中国語が四声なのに対し、台湾語は八声もある。韓国人にとっては「濁音」が難しい。中国人は「字」（じ）の発音ができないので、「十」は「ちゅう」と発音する。「数詞」を聞けばすぐ「この人は中国人」だと分かる。

中国語（漢語）はもっとも原始的な単語音からなるもので、口語の語彙（ボキャブラリー）が漢語以外の言語に比べ、不足している。そのため大きな声と大げさな手ぶり身ぶりで言語の不足を補わなければならない。漢語は構造的論理性が欠如しているので、中国人の主張はたいてい矛盾だらけでしどろもどろである。相手に「道理」を説くよりも問答無用の「恫喝」しかないのは、主にこの漢語の言語構造からくるもので、「話せば分かる」人間ではない。韓国語は漢語とは別語系のツングース語系の言語だが、長い間漢文から影響を受けてきた。たいてい韓国人がしゃべりだすと、「立て板に水」というよりも、自己主張ばかりで独唱独演会になるのは、韓国語の深層に中華思想がひそんでいるからだ。

文化比較は言語、風土、国民性の比較から語ることが多い。もちろんそれは必要不可欠であるが、それだけでは不足である。数字で出ているものは確かに客観性が高く、科学的でもある。だが、それは数と量を表すものであって、質まで語ることは難しい。

今から百余年前の明治期に、「アジアは一つ」と盛んに言われた時期があった。日中韓は「同文同種、同俗同州」だという主張や、さらに樽井藤吉のように「大東合邦国家」の主張まであったほどアイデンティティを共有していた。このような風潮の中で、いちはやく日本と中韓との異質性を喝破し、「亜細亜の悪友どもとの交遊謝絶」を主張したのが福沢諭吉の脱亜論である。じつは開国維新の前に、すでに朱子学者たちの「勧善懲悪」一辺倒の漢学に異を唱え、「漢意唐心」と「和魂和心」はここまで違うと、ほとんどの国学者たちが説き明かしている。

戦前に台湾で生まれた私は、すでに小学生のころから日常生活の中で、文化摩擦と文明衝突を第三者的な目で眺めてきた。日本と中韓との文化・文明の違いは、いったいどこからきたのか。こうした違いは、文字というメディアや宗教意識からも影響する。すでに一〇〇〇年以上も前に日本はカナ文字という表音文字を創出しただけでなく、漢字カナ文字混じりの文章体系を創出した。表意・表語文字である漢字という視覚のメディアと、カナという表音の聴覚的メディアを習合した、まったく新たな視聴複合的メディア体系を確立した。中韓文明のコアは儒教と道教であるのに対し、日本文明のコアは神道と仏教である。

日本と中韓は文明のしくみだけでなく社会のしくみも違う。ことに精神、ソフトウエアの方は、中韓にはあまりないだけでなく、魂というものはほとんど存在しない。あるアメリカの精神科医の友人は、「『三国志演義』は権謀術数しかなく、『紅楼夢』は抽象的な描写がほとんどできていない。中国の文豪が書いたものを読んでも感動するものはほとんどないが、夏目漱石のような日本の文学者の小説を読むと、感動はまったく違う。中華の国々の人間はカカシのようなものではないのか」という。

文化・文明が違えば、もちろんものの見方も考え方も違う。人生観も世界観もそうだろう。天下国家の話ではなく、もっと日常的な生活という視点から、韓国出身の呉善花、中国出身の石平両氏の日本観、日本人観、ことにソフトウエアの方から精神と魂の問題についての所見を拝聴したい。

この鼎談を読み返す度に、日中韓がここまで違うことの認識がますます深まっていく。新版の刊行にあたり、是非読者に再読をすすめたい。

平成二五年四月

三つのまえがき

■帰化人から日本を見れば――石平

黄文雄さん、呉善花さんの二人との鼎談《ていだん》本が出版されたのは、これが二冊目である。

一冊目の鼎談を行なったときにまだ中国国籍であった私は、その年の年末に日本国籍に帰化して、晴れて日本国民の一員となった。実はこの点に関しては、黄さんと呉さんの両方ともは私の先輩格で、以前からとっくに日本国籍に帰化している。

つまり、今という時点では、外国からの帰化人であることは、私たち三人の最大の共通点となっているのである。

日本国民の一員となったとはいえ、単一民族の日本社会のなかでは私たちはやはり少数派である。周りの日本人たちに溶け込みながらも、私たちには生粋な日本人とは全然違った生い立ちと文化的背景があり、帰化人としての独特の心の葛藤《かっとう》をいくぶん持っている。そして、私たち自身の出身国（とくに中国と韓国の場合）の視点からすれば、祖国を「捨てた」私たちはいかにも常識はずれの不思議な存在であり、得体の知れない変わり者なのである。

つまり、私たちはどこへ行っても、普通に暮らせるような普通の人間にはもはやなれはしない。私たちは永遠に、「普通でない」特別な存在でなければならないのだ。実はそれこそは、帰化人の負うべき宿命であろうか。

そういう意味では、今回の鼎談はまさに、「普通でない」人間たちの間の風変わりな対話なのであり、いわば「奇人」による「奇談」の類いのものである。

したがって、この鼎談のなかで私たちの語り合った日本と中国と韓国と台湾は、生粋な日本人の読者の皆様の見た日本とも中国とも韓国とも台湾とも大きく異なっているのだ。変わり者たちの見た世界はやはり普通ではない。それが幾分、形の変わった世界となるのだが、実はこのような世界のなかからは、普段でもなかなか見えてこないような真実が多少見えてくるのである。

それは一体どのような真実なのか。読者の皆様に本書を読んでいただくしかないだろうと思うが、とにかく、変わり者たちの見た変わった世界に入っていくことは、本書を読むことの一番の楽しさとなるのではないだろうか。

そして、生粋な日本人である読者の皆様は、本書を読み終えたときには、もし今まで以上に日本という素晴らしい国を愛したい気持ちになっているのであれば、もし今まで以上にこの国の現在の姿に対する危機感を強めているのであれば、そして今まで以上に颯爽《さつそう》とした高揚なる気持ちになっているのであれば、それこそは、この鼎談を行なった三人の変わり者の狙《ねら》いと願いであり、帰化人としての私たちの、日本への報恩となるのである。

最後に、鼎談してくださった黄さんと呉さんに御礼を申し上げたい。そして、これから本書を読んでいただく読者並びに今度開設した石平公式サイト（http://www.seki-hei.com/）を訪問してくださる皆様との出会いを喜びたいものである。

＊＊＊

■日本の文化力を世界に発信したい――呉善花

日本に定住して長らく生活してきた、台湾出身（黄）、中国出身（石）、韓国出身（呉）の三者による、日中韓台の文化的な伝統と現代をめぐる鼎談である。

以前から、我々三人にはどこか共通する「文化センス」があるなと感じてきた。我々には、ともに中華文明圏に育ち、ともに母国の政治性に強い批判意識を抱え、日本文化に強く惹かれてきたという共通性がある。しかしながら、私が感じる「文化センス」の共通性は、単にそうしたことに求められるものではない。

私自身は、日本文化に惹かれていくなかで、「日本文化の独自性は世界文明の未来的な課題を提起している」という思いを強くもつようになった。そして、黄さんと石さんのお仕事に接していけばいくほど、私と同じ思いの響きを強く感じるのである。「文化センス」の共通性なくして、こうした共鳴関係が生じることはないはずである。

だからこそというべきだろう。本書は、それぞれが「日本文化の独自性とは何か」「そこからどんな未来的な課題が導き出されるか」を、自文化との比較検討をさまざまに行ないつつ、多方面にわたって語り合うものになっている。いたらぬところは多々あるにせよ、何に遠慮することもない自由で思い切りのよい発言に心がけ、それによって得られた成果は十分にあったと思う。

この鼎談を通してあらためて感じられることがあった。それは、我々の故郷の文化的なベースに抱え込まれているある種の共通性と、我々の間に感じられる「文化センス」の共通性は、もしかするとかなり関係しているところがあるのではないか、ということである。黄さんは中国大陸南部に近接する島・台湾が故郷で、石さんは中国大陸南部の揚子江上流域に位置する四川省、私は韓国最南端の済州島が故郷である。

日本列島・朝鮮半島・台湾の文化は、中国文明の多大な影響を受けてきたことはいうまでもない。しかし、一口に中国文明といっても、黄河流域を中心とする北部と、揚子江流域を中心とする南部とでは、文化習俗に大きな異なりがある。その違いは時代を遡《さかのぼ》れば遡るほど大きなものであったことが知られている。そして、日本列島・朝鮮半島・台湾が、中国北部の文化とは別に、古くから中国南部の文化と密接なかかわりをもっていたこともよく知られている。

とくに東シナ海をめぐる朝鮮半島南部、日本列島南部、台湾、中国揚子江流域以南の文化習俗には、中国北部の文明とは異質な共通性が色濃く見られることが、考古学調査、比較民族学、神話伝承などの研究から明らかにされている。そのことから、これらの地域は、より古くは「環東シナ海文化圏」と呼ぶにふさわしい一個の文化圏としてあったとの観点からの研究も広く行なわれてきている。

我々はいずれもこの地域から日本へやってきた。我々の足下のずっと深くのほうに、日本文化とつながる共通の世界が広がっているのではないだろうか。この鼎談を通して、そのことを強く感じさせられた。

＊　＊　＊

■日本論や日本文化論は真っ平ごめん――黄文雄

同じ東洋人といっても、日本人は比較的に思いやりがあって、礼儀正しいのは、いったい、なぜ、そうだったのだろうかとよく考えさせられる。もちろんそのような国民的性格を育てるのには、長い文化的風土が欠かせないとも思われる。

だが、国民性は時代によっては変わるものだ。戦前の日本人はがいして進取の精神、冒険心、好奇心を持ち、勤勉で勇気と責任感が強く、そして日本人としての誇りも強かった。

私はよく「日本文化」に関する講演の後、独自の研究から得た戦前の日本的性格についての調査アンケート計一八項目を配り、調査を繰り返してきた。そこには、はっきりとした変化が見られ、しかも年齢によって徐々に「美徳」と思われるものが喪失しつつあることがわかった。

台湾はよく親日国家といわれるが、私も同感である。だが、その親日の最たる理由の一つは戦前の日本人がよき「我が師」として尊敬されたからであって、けっして戦後の日本人ではないことはたしかである。

「アジアは一つ」というのはよく知られる岡倉天心（一八六二〜一九一三）の名言だが、じっさいアジアは一つではない。儒教文化圏あり、仏教文化圏あり、ヒンディやイスラムの文化圏もある。東洋と一口にいっても、中国人、韓国人、台湾人、日本人それぞれのものの見方や考え方も一つではない。文化、言語、宗教、さらに利害関係が違えば、世界観、歴史観、人生観、価値観が違うのもごく当たり前のことだ。だから中国はけっして一つではないし、台湾でさえ一つではない。少なくとも国家、民族、文化、社会のアイデンティティがそれぞれ違うという、この島の複雑な事情があるからだ。

戦後日本人の「自画像」は、外からみると「ずいぶん可笑しいのではないか、似ていない」というのは私だけでなく、呉善花、石平両氏も同感だ。少なくとも「親日」といわれる台湾では、いまや「哈日族《ハーズ》」（日本大好きな人々）の新時代に入り、高校生の第二外国語の日本語選修が九〇パーセント、一番住みたい国、尊敬する国はアメリカを抜いて日本がトップになっている。反日国家と思われる中国・韓国も日本帰化、日本人と結婚、密入国でも一位、二位である。いったい、なぜそうだったか。日本人論も日本文化論も、まず「論」ではなく、こういった現実に対する視点から語らなくてはならない。

本書は、二〇〇八年一一月に発行された『帰化日本人』を改題・改訂した新版です。

日本人は中国人・韓国人と根本的に違う◆目次

第一章　教育

第二章 道徳

第三章 食事

第四章

夢

第五章 マスコミ

カバーデザイン／上田晃郷
本文DTP／沖浦康彦

第一章 教育

日本とはこれだけ違う我々が受けた教育

黄　私は一九四五年に小学一年生になって間もなく、町の小学校から山の奥のほうに疎開しました。アメリカの爆撃機、Ｂ29の激しい空爆があって、そういう状況のなかで教育を受けまして、その年の八月一五日に終戦となりました。町の学校に帰ると、学校も爆撃されていて、教室の半分近くが崩壊していました。

それまで日本語教育を受けていましたが、終戦後も一年生の間は日本語の教育でした。以後、二年生からは漢語、三年生から北京語と変わっていきました。

三年生のとき、四七年二月二八日に台湾住民による反中国国民党暴動が起きます。これに対して大陸から援軍がやって来て、三万人近くの台湾人が殺されました。これを二・二八事件というんですが、これでずいぶんたくさんの教師が学校からいなくなりました。隣の小学校では校長も教師も全部逮捕されてしまい、教員が一人もいなくなりました。

五年生のとき、四九年に国民党軍が大陸で負けて、約六〇万の敗残兵が台湾に流れ込んできました。一〇月一日に国民党中央政府が台湾に移転してきます。

彼ら兵隊たちはすぐには住むところがないので、学校の教室の半分くらいが兵営として使われました。そのため教室が足りなくなったので、授業を午前と午後の二部制にして、一年ほどの間、軍隊と一緒に学校を使っていました。音楽の教科では反共の唱歌を、朝から晩まで練習させられました。こうして、中学と高校で徹底的な反共教育を受けるようになるんです。

私は日本語で、台湾語で、中国語でと教育を受けてきたわけですが、小学六年生くらいまでは日本語で日記を書いていました。なぜ日本語で書いていたかというと、一つにはかなが使いやすかったからなんですね。日本語で俳句も作っていました。母と一緒によく俳句を作ったものです。

当時の私は、日本語を忘れたくなかったし、使っていたかったので、日本の『平凡』や『明星』といった雑誌を読んだり、日本人と文通をしたりしていました。また、分厚い日本語の表現辞典があって、それを暗記しながら日本語文の勉強をしました。その辞典には、夏目漱石や芥川龍之介の文章が載っていて、それが文章表現のテキストになっているんです。戦前の古い文体でして、これで日本語の勉強をしたので、今でも戦後の文体は使いづらいんです。

呉 私は五六年の生まれですが、五〇年から五三年にかけて朝鮮戦争があり、朝鮮戦争が終わって三年後に生まれたわけです。大変な犠牲者を出して、至る所が焦土と化した戦争でしたが、幸い私の生まれた済州島は戦場とはなりませんでした。それでも、戦争がもたらした社会的な混乱は済州島にもおよんでいましたから、私が物心ついた頃でも済州島には貧困と病気が満ち溢《あふ》れていました。

李承晩《イスンマン》（一八七五〜一九六五）のことはよく覚えていないんですが、私が七歳のときに朴《パク》正熙《チョンヒ》（一九一七〜七九）が大統領になります。朴正熙は六三〜七九年の一六年間にわたって大統領を務めましたが、私はこの時代に七歳〜二三歳と、少年少女期から青年期を過ごしたわけです。

幼いながら覚えているのは、朴大統領が盛んに倹約、節約といっていたことです。その最も象徴的な人物が朴大統領の奥さんです。彼女はいつも朝鮮伝統の服装に身を包んでいましたが、それは清潔でとても質素なものでした。清潔さと節約といえば大統領夫人だと、国民の間にはそういうイメージがありました。

韓国はその頃もまだ、アメリカから小麦粉の配給を受けていました。小学生の私は配給があるたびに列に並びました。配給を受けて家に帰ると、さっそく母にうどんを作ってもらって食べるんです。なんて美味しいんだろうと思いました。これも配給なんですが、お昼はトウモロコシのパンでした。これもまた美味しくて、私たちにとっては格別のご馳走《ちそう》でした。

配給があるたびに、学校の教師たちから、北朝鮮ではトウモロコシのパンなんかとても食べることはできないんだ、お粥《かゆ》だけでなんとかしのいでいるんだと、盛んにいわれたものです。

北朝鮮とはこういう酷い国だ……という教育をずっと受けてきました。これは反共教育といわれますが、実際には反北朝鮮教育なんですね。共産主義とはどんな思想なのか、マルクス主義とはどんな思想なのか、そんなことはあまり教わりません。とにかく、共産主義の国北朝鮮というのは怖い国なんだと、そればかりを叩き込まれたんですね。

北朝鮮の生活は飢え死にしそうな極貧、政治はとてつもない恐怖政治、一般の人々は奴隷も同然、政治を握っている金日成《キムイルソン》（一九一二〜九四）集団は共産ソ連・共産中国の傀儡《かいらい》、そんな具合で反共教育をされたわけです。

ですから、中国にもとても怖いイメージをもっていました。ずっと後の二七歳のとき、日本に来て日本語学校に入ったときのことです。学校には中国人が一人いたんですが、その人が中国人だと知って大きなショックを受けました。今でも鮮明に覚えていますが、顔を見るだけでも怖くて、とても近づけなかったんです（笑）。植え付けられたイメージはずっと残るんですね。

間もなくそういう中国人イメージは消えましたが、あの頃の私からすれば、今こうして石さんと話をしている自分なんて、とうてい想像すらできないことです（笑）。

反共教育と同時に反日教育を受けました。これもまたすごいもので、日本帝国主義は我が民族に対していかに酷いことをしたかということを、徹底的に頭に叩き込まれました。ただ、北朝鮮の客観的な情報がゼロなのに対して、日本の客観的な情報はいろいろと入ってくるんですね。とくに六五年に国交回復してからは、日本はすっかり近代国家になったらしいとか、段々と様子がわかってくるわけです。ですから怖さはそれほどなくて、けっして彼らを許してはならないという気持ちが強かったですね。まあ受けた教育そのままに、彼らは文化程度の低い野蛮な人たちなんだと、そういうイメージをもっていました。

朴大統領時代には、学校でも、テレビでも、映画館でも、愛国歌、愛国歌なんです。国民精神を高揚させ、国民が一丸となって経済成長を遂げていくようにしなくてはならない、ということなんですね。映画館に行くと、まずニュースが映し出されるんですが、そこでみんな立ち上がるんです。そして、いついつ朴大統領は、朴大統領ご夫妻は、どこで何をされたとはじまって、次にいろいろな出来事のニュースが流されます。

そのニュースというのも、国民一人当たりのGNPが一〇〇〇ドルに達しました、これは我が国の工業化がいかに進んでいるかを示しています、ということで、その様子を次々に紹介していくと、そういうのが話題の中心なんですね。これが終わって、ようやく本題の映画に入るんです。ですから私の青春時代までに受けた教育は、とにかく節約と倹約、反共と反日、これに尽きるんですね。

石 お二人の話はすごく面白かったです。お二人とも反共教育を受けられたわけですが、我々が受けたのはまさに正反対の教育で、共産党を愛しなさい、資本主義がいかに恐ろしいかを知りなさいというものなんですね。

私は六二年の生まれでして、物心がついた頃は中国共産党は西側と対立していました。ですから、世界で一番幸せなのは中国だと教わりました。資本主義の国では、九九・九九パーセントの人たちが毎日ご飯を食べられない状態におかれている。中国がなぜ一番幸せな国になれたのか、それは共産党があるからだ。共産党の指導者は誰か、毛沢東主席である。そういったことを、耳にタコができるほど聞かされました。

当時の毛沢東は我々にとっては神様でした。日本の学校には今でも二宮尊徳の銅像が立っているところがありますが、中国はどこの学校でも玄関口に毛沢東の石像があるんです。銅像を作るようなお金はないから石像なんです。毛沢東とは誰もいいません、必ず毛主席といわなくてはなりません。各教室には毛主席の肖像画があって、毎朝、授業がはじまる前に全員起立して、毛主席の肖像画に三回礼をします。それから、毛主席を讃える歌を歌うんです。私は今でも歌えますよ。台湾では蒋介石総統の歌を歌ったそうですね。

今でも私は、ふとその歌を口ずさんでいたりするんです。女房は私より一一歳下ですから、そういう教育を受けていないので、最初はびっくりしてましたね。

歌だけではなくて、毛沢東の言葉を集めた、聖書みたいな赤い本があって、これを覚えさせられたんです。いわゆる『毛沢東語録』ですね。中国の国民は必ず一冊持っていなくてはならなかったんです。

文化大革命がはじまったのが四歳のとき、毛沢東が死んだのが一四歳のときです。ですから、私の少年時代はずっと毛沢東、毛沢東の教育でした。毛沢東バッジを付けて、毛主席は偉大な存在であり、毎日自分たち国民のことを心配してくれていて、神様や仏様以上に慈悲の心を持っていると、本気で信じていました。その頃の私たちにとっての毛主席は絶対的な存在、つまり悪いところは一つもない完璧《かんぺき》な存在だったんです。

毛沢東時代の国民生活は貧しいものでした。呉さんの時代の韓国と同じに、配給制がありました。米・野菜・肉・醤油《しょうゆ》などの食料、布、日用品などが支給されました。なぜ配給制かといえば、国の経済がどうしようもない状態にあるからですね。しかし我々は、配給は毛主席の温情なのだ、だから配給を受けられることに感謝しなさいと教えられました。

子供の我々は学校の授業が終わってから、配給の列に並ぶんです。半日は立ちっぱなしでしたね。豚肉の配給は二カ月に一度、わずかなものでしたが、みんなこの日が来るのを心待ちにしていました。子供の頃の一番の夢は、目の前に豚肉料理をいっぱい並べて腹いっぱい食うことでしたね（笑）。

中国では、一九四九年の共産党政権成立を解放と呼び、それ以前の歴史を解放前と呼びます。それで我々は、解放前の歴史は王朝時代から国民党政府時代に至るまでのすべてが地獄だった、中国で人民が幸せな生活ができるようになったのは毛沢東が解放してくれたからだと教わったんです。

その「人民の幸せな生活」の一つが配給なんですね。この配給がどれだけありがたいものなのかということを、こんなふうにして教えられたことがありました。学校の先生が我々生徒たちを引き連れて山へ入り、みんなで山菜を採るんです。山菜が集まると少しだけ小麦粉を入れ、それを煮たスープを作って食べるんです。そうしてみんなで食べながら、先生は「解放前の人民はこんなものしか食べられなかったんだよ」と話しはじめるんです。

文革は一〇年間続きますが、その間に私は小学校と中学校で教育を受けました。中国の学校制度も日本と同じ六・三・三制ですが、あの頃は小学校が五年に、高等学校が二年に短縮されました。もちろん一般教科があるんですが、基本的には思想教育なんですね。たとえば、語文（国文）の基本テキストは毛沢東の文章と詩、文学の基本テキストは毛沢東の詩と毛沢東を讃える詩でした。

台湾の近代教育、中国の反近代教育

黄　日本、台湾、韓国、中国の近代教育システムは、いずれも明治期日本の教育システムをルーツとしています。この教育システムを取り入れた最初は中国の清朝《しん》（一六一六〜一九一二）末期です。韓国でも李朝《り》（一三九二〜一九一〇）末期に取り入れていって日本統治時代に本格的なものとなります。

台湾の教育制度も同じ流れにありますが、台湾の教育制度を確立したのは伊沢修二という人物です。伊沢修二は教育者として台湾総督府の初代学務部長の職に就いた人ですが、とくに日本の教育に音楽と体育を取り入れたことで知られています。

伊沢修二が手がけた台湾の教育制度には二つの特徴があります。一つは実業教育の採用です。商業、工業、農業などについての教育ですね。中国の儒教的な教育の伝統には、そういう実業教育はまったくありませんでした。

もう一つが国民教育です。つまり、我々は共通の国土・自然・文化・言語という環境のなかで暮らしてきた歴史をもつ国民である。このことを各分野にわたって総合的に学んでいくのが国民教育ですね。

教育関係の資料を基に自分で計算したことがありますが、日本が台湾に入って来た時点での台湾の教育普及率は〇・〇六パーセントくらいです。一万人もいかなかったんです。二〇世紀に入った頃には、それが二パーセントほどになります。中国ではもっと低い数字でした。台湾では以後、教育普及率は急上昇していって、終戦当時には七〇パーセントを超えていました。

韓国も中国も似たような形で日本の近代教育システムを導入しましたから、国語、算数、理科、社会といった教科は台湾、韓国、中国に共通のものなんですね。

台湾にだけあるのが孫文《そんぶん》（一八六六〜一九二五）の三民主義（民族・民権・民生の三主義）です。もちろん中国にも韓国にもないわけですが、台湾ではこれが必修科目で、大学入試は三民主義で合格点が取れないとダメなんです。

もう一つ、中国にも韓国にもなくて台湾だけにあるのが、ロシアの中国侵略史です。我々のときには、教官が地図を開いてね、もともとは中央アジアからヨーロッパまでが中国伝統の固有領土だった、しかしロシアに侵略されてしまって今はこうなっているんだと、そんなふうに教えるんです。また、これは中国、韓国にもあると思いますが、私の高校時代には軍事教官がいて、軍事教育がありました。軍人教官の指導で、銃を撃ったりする軍事訓練の時間があり、これも点数になるんです。

もう一ついうと、中国、韓国にあるのかどうか知りませんが、週記というのがあります。週記とは一週間に一回つける日記のことです。週の終わりに、一週間の感想を書いて学校に提出するんです。担任の教師がそれをチェックします。

週記には、一週間の間、何を考え、どんな生活をしていたかを、きちんと書かなくてはなりません。正直にそのままを書いたものです。それで高校三年のときに、先生から「きみには思想問題がある」と指摘され、謹慎処分にされたことがあります。

石　今いわれたように、中国は日本の近代教育システムを取り入れたわけですが、毛沢東が実際にやったのは近代教育ではなくて反近代的教育でした。もっと正確にいえば、毛沢東がやったのは何ら教育ではなく、個人的に自分の思想を植え付けるために教育を道具として使ったということです。

どこの国にもまず基礎教育があります。それで、通常はこの基礎教育を修めた後に、人によってさまざまな思想の影響を受けることがあると、そういう順序になるわけです。しかし中国の毛沢東の時代には、幼稚園から基礎教育の一環として毛沢東の思想が組み込まれるんです。

毛沢東には、近代的な知識に対する不信感が強くあります。それで、できるだけ国民に近代的な知識をもたせないようにするわけです。彼が一番いいたいことは、文字すら読めない無知なる農民が一番偉いということです。ようするに、彼が目指したのは愚民教育なんですよ。

そこに彼の革命思想のなんたるかを見ることができます。我々は小学校から高校までの間に、知識のある先生たちから知識を学んだのではなく、知識のない農民から学んだんです。日本の社会主義者なら、労働者に学べということになるでしょう。

これを具体的にどういう形でやったかといいますと、先にも述べましたように、毛沢東はまず学校の教育期間を圧縮しました。そして、一学期の間に必ず一カ月か二カ月の間、工場か農村か、あるいは軍隊に行って学ぶ、つまり工農兵から学ぶというものです。

農村ならば、農村の一番忙しい時期、米を収穫する農繁期に農家に住み込んで、農民から学ぶということです。でも、何を学ぶのかはわからないんです。工場でも同じことで、とりあえず一カ月間工場に行って、労働者から学ぶことになります。

簡単にいうと、毛沢東は世界的な教育とは正反対のことをやったんです。中国の伝統的な教育では、孔子などの古い本を読んで学びました。毛沢東の時代は古い本であろうと本などは読んではいけないんです。世界のどこでも教育では知識を学ぶわけですが、毛沢東の教育では知識は学ぶ対象じゃあないんです。無知から学べというのですから、本末転倒の世界です。

こういう教育の真似をした典型が、カンボジアのポル・ポト政権（一九七六〜七九）でした。毛沢東のやり方そのままに、知識人を皆殺しにして排除し、まったく国民を無知な状態にしてから、毛沢東の思想を植え付けていったわけです。

中・韓・台の密告制度

石　中国共産党の場合は、共産党政権がはじまった四九年の翌年に、とくに保守派といいますか、古いタイプの知識人ですね、この人たちを七〇万人以上殺害したんです。また何百万人かの知識人を強制的に刑務所に収容しました。いわゆる粛清ですね。共産党の思想を人々に強制する以前に、まずエリートを一網打尽にしたわけです。

これでエリートはすっかりいなくなります。残されたのは一般の庶民ばかりです。こうして伝統社会の知を空白状態にし、外からの情報を一切遮断し、あらゆる情報・宣伝手段を動員して、一つの思想を植え付けていったわけです。

どうしてそんなことが可能だったのかというと、毛沢東がカリスマとしてすべての権力を握っていて、思う存分に独裁政治ができたからです。そこで絶大な役割を果たしたのが密告制度です。この制度のために、本当のことを誰もいえなくなりました。密告されると命取りになりますから、家のなかですら発言にはよほど注意しなくてはなりません。息子に密告されて殺された人はたくさんいますしね。

その結果、町から、職場から、家から、あらゆる生活空間から毛沢東の共産党を宣伝する以外の言葉が、ことごとく消えていったんです。

黄 中国の密告制度は秦《しん》（天下統一・前二二一〜前二〇六）の時代からありましたが、人類史上最大の特務国家を完成したのが明《みん》王朝（一三六八〜一六四四）で、「明」とは逆に中国史上最も「暗黒」な時代であった。台湾でも蒋介石が入って来てから作り出されました。ですから、密告制度は共産党に限ったものではなく、中国の文化伝統の一つなんですね。

密告制度は私の小学生時代からありました。密告がすべての国民に義務づけられたんです。対象は中国のスパイですが、それについての情報を知っていて報告しなければ同罪になるんです。そのスパイの行為が死刑に相当するとしたら、報告しなかった人も死刑になります。そういうわけですから、友人や隣近所の誰それの動きはおかしいんじゃないか、ひょっとしたら中国のスパイじゃないのかと、そんなことにピリピリする人が出てくることにもなります。

この密告制度では、スパイの財産は没収され、没収した財産の四〇パーセントが密告者のものになります。ですから、これを商売にする密告業者が暗躍していました。

呉　韓国にも密告制度があります。対象は北朝鮮のスパイです。町の要所要所に、密告を奨励するポスターが貼られていました。密告者にはたしか、一〇〇〇万ウォン程度の賞金が支払われていたと思います。

スパイの情報といっても、一般人には何がそういう情報なのかはわかりませんし、思想的におかしいかどうかの判断もできません。それで当局は、金日成という名前を口に出す人とか、言葉遣いやアクセントがおかしい人がいれば報告しなさいと、そういう指導をしていました。

そういう人がいても報告しないと罪になりますので、近所で「あの人は変じゃないか」とか、いろいろ噂《うわさ》したりするんです。そういう噂の立った人は大変です。誰も近づこうとはしなくなりますからね。それであるとき、言葉がおかしいと報告された人がいたんですが、その人は日本人だったんです。言葉がおかしいのはそのためで、スパイでもなんでもなかったわけです。

密告制度は李氏朝鮮王朝時代からありました。中国の清王朝時代にもあったということですね。北朝鮮にはもちろんあるわけですから、専制主義国家に特有の制度といっていいんじゃないでしょうか。

国語、国文教育はこうだった

黄　台湾では、戦争が終わって日本人が引き上げてから、国語の授業では、漢語、漢文教育を盛んにやるようになりました。漢語、漢文というのは北京語のことではなくて、中国古来の文語体で書かれた文章のことです。今の中国では文言文と呼んでいます。

まず最初にやったのが四書、つまり『論語』『孟子《もうし》』『大学』『中庸《ちゆうよう》』の暗記でした。四書は文字数が多くて、なかなか暗記できないんです。でも『論語』は字数が少なくて一万語くらいですから、これは暗記しやすい。私は『大学』を暗記してやろうと取り組んだんですが、三分の一くらいしか暗記できませんでした。

当時の学校の規定では、高等学校の三年間に『論語』と『孟子』を暗記しないと卒業できないんです。『論語』はいいとしても、『孟子』は三万字以上あるので大変です。先生が読むのを一所懸命聞きながら、なんとか両方とも暗記しました。とにかく暗記、暗記。これが国語の教育でした。

戦後の教育で最も大きな特徴が、台湾語の禁止です。学校で台湾語を喋《しやべ》ったら罰金と体罰が科されますが、台湾語の『聖書』まで没収されるという厳しいものでした。台湾語の使用を完全に封じて、北京語だけを使う教育になったんです。ですから、言語紛争が多かったですね。

国語の一般的な授業では、口語文がかなり入ってくるんですが、その口語文の大部分は戦前の口語文なんです。文語文調の口語文といったらいいでしょうか。そういうわけで、我々の世代は、なかなか近代的な口語体の文章が書けないんですね。どうしても口語文と文語文が混ざっているようなものになってしまう。そこが我々の世代のハンディキャップなんですね。

呉　韓国では戦後すぐに公用文はハングル専用という政策が取られます。学校教育では、漢字を廃止したハングル専用教育が六八年からはじまります。それで七〇年の春からは、教科書から漢字が完全になくなります。以後、いくらか揺り戻しがあって、わずかな基本漢字だけ教えるようにしますが、実際には使う機会がほとんどないので、漢字文化は基本的に消えていってしまったんです。

ハングルは日本の仮名よりも徹底した表音文字で、一五世紀半ばに創られましたが、実際的にはほとんど使われないままの状態にありました。ですから、近代以前の朝鮮の文献は九割がた漢文で書かれたものです。公文書はすべてが漢文です。しかし、一般の国民は漢文を教わる機会なんてほとんどなく、ずっと韓国語を使って生活してきたわけです。ですから、漢文が読めるのは一部の専門知識人だけでした。

李朝の末期から、それまで一部で使われていた「漢字ハングル混じり文」が、段々使われるようになり、日本統治時代の学校教育を通して、「漢字ハングル混じり文」が本格的に国民の間に普及していったんです。「漢字ハングル混じり文」は日本の「漢字仮名混じり文」と基本的に同じものです。違うのは、韓国では漢字の訓読みが行なわれないというところですね。

私自身のことでいえば、小学三年生まではハングルだけの教育で、四年生から漢字の教科があり、「漢字ハングル混じり文」を教わるようになりました。ところが、六年生になったときに、「これからは漢字を勉強しなくてよろしい」といわれて、ハングル専用の教育がはじまりました。ハングル専用になってから、当然ながら国語教育は大きく変化しました。たとえば文章表現です。

小学校では、軍人さんへの慰問の手紙を書くことがよくあって、それが手紙文の教育にもなっていたんですね。日本にもあるように、時候や自然や心持ちなどを表現する独得な漢語がありますでしょう、これらを的確に使って書くように指導されていました。また半分文語調のような書き方がありますね、これが品位ある文章だとされていて、手紙文にはそういう文体を上手に使うように、という指導でした。私はそういう手紙文が得意で、褒められることも多かったんです。

ところが、ハングル専用になってから、そういう回りくどい文章はよくない、日常普通に話すように書きなさい、これからは言文一致の時代なんだと、徹底的に口語文で書くように指導されるようになりました。私はこれが嫌で、つい従来の書き方で書いたりするので、先生にずいぶん怒られました。

たとえば日本でも「厳寒の候」とか「春暖の候」とか書きますね。口語文指導が行なわれるようになってからは、そういう表現は日常会話では使わないでしょう、実際的ではないから言葉を変えて、「厳しい寒さが続きます」とか「暖かい春が来ました」という表現にしなさいといわれるわけです。こうして「厳寒」とか「春暖」といった漢語が使われなくなってほとんど死語になってしまうんです。死語が増えていくのは、一つには同音異語の問題がとても大きいんです。日本語を例にとっていってみましょうか。

ハングル専用というのは、漢字を用いずに仮名だけで表記するのと同じことですから、「厳寒」は日本語ならば「げんかん」と書くしかなくなります。そうすると「厳寒」も「玄関」も区別がつかなくなります。「玄関」は日常的に使う言葉ですが、「厳寒」は日常会話ではまず使いませんね。「玄関」を別の言葉で言い換えることはできませんが、「厳寒」は「厳しい寒さ」でいいわけです。そこで、「げんかん」といえばもっぱら「玄関」のことになっていって「厳寒」という言葉がなくなっていく。

日本語でもし仮名専用政策を取れば、きっとそういう事態が起きるでしょう。韓国では実際にそういうことが起きたんです。

時候の言葉だけではありません。日常会話ではあまり使われない漢語、とくに専門語や概念語ですが、この多くがしだいに死語化していくんです。たとえば、経済、政治、思想などを論じる場合に、漢語で表してきた概念語や専門用語は欠かせないわけです。ですからそういう書物のなかでは使われるんですが、漢字で書かれていないので、それぞれの分野の知識がないとまるでわからなくなってしまうんです。

漢字で書かれていれば、たとえば「既得権」とあれば知らない言葉でも「既に得た権利」だなと見当がつきますが、「きとくけん」だけだと、その言葉の意味はこうだと学んでいなければなんのことかわかりません。漢字廃止・ハングル専用下では、「きとくけん」から「既得権」という漢字を思い浮かべることはできません。しかも、「普遍」も「不変」も「不偏」もみんな「ふへん」と表記されますから、わけがわからなくなるんですね。そうすると、一般の書物のなかでは、そういう漢語はどんどん避けられるようになっていくわけです。

私は学校では文芸部に入っていたんですが、言文一致ということになってから、文学的な表現も大きく変化しました。できるだけ漢語ではなく固有語を使うことになります。これでは語彙《ごい》がとても貧しくなっていきます。また文体は簡潔、単純、直接的という傾向が強くなっていきます。たとえば、「憤怒の形相」なんて使われなくなり「ものすごく怒った顔つき」といった表現しかなくなります。

それで、日本の大学に入ったときには、大きなショックを受けました。小論文の時間でしたが、日本人の学生の文体は、ほとんどハングル専用になる前に我々が書いていた文体と同じなんですね。最初は古くさいなと思っていたんですが、私の文体は日本の小学生の文体に近いということが段々わかってきました。ようするに日本でいえば、「難しい言葉を使わない」ことから生じる文体なんですね。

それでも五年生までの国語教育があったので、そこから脱するのにそれほどの苦労はいらず、逆にとても楽しかったんです。うまくいえませんが、文体が変わると発想まで変わるような気がします。使える漢語が豊富になると、単なる知識だけではなく、概念が豊富になり、抽象的な思考が深まります。これはたしかなことではないかと思います。

石　中国では作文はことのほか重要視されます。それは台湾でも同じことでしょう。中国には科挙《かきょ》制度（官吏登用試験）がありましたので、官僚になるには文章がうまくなくてはダメでした。そういう伝統もあって、中国では作文はとても大事だとされます。

我々の時代では、作文の教材、模範文とされたのは毛沢東の文章だけでした。ようするにこれは批判文なんですね。中国の文革時代には、すべてのものを批判していったわけですが、これが当時の支配的な文章スタイルになるんです。

文革時代の批判文章の特徴は、高圧的な態度で相手を罵倒《ばとう》するところにあります。きちんと事実をあげて批判するんじゃないんです。威勢のいい言葉でもって、相手の頭のてっぺんから足の爪先までを、完全に圧殺するんです。

中国の論議というのは、敵が最初からすべて悪いという前提に立ってやるものなんですね。日本のテレビでもよく出てきますが、あの中国政府の外務省のスポークスマンの喋り方、あいう喋り方が典型的な批判文章のスタイルです。事実をあげて筋道だった批判をしていくのではなく、最初から相手を敵と決めつけて、威圧的な言葉で圧倒していい負かそうとする。そうやって自分の立場がいかに正当なものかを強調する。我々が教育されたあの頃の作文も、まったくこれと同じものです。あの当時、私はそうした作文を書くのが我ながら上手だったと思います。今でも時にはそれが出てくるんです。以前にある雑誌で『朝日新聞』の批判をする文章を書いたときには、久しぶりに快感をおぼえましたね（笑）。

また、先にもいいましたが、毛沢東の時代は、無知から学べと知識を否定していました。それで教科書のなかには、粗末というか野蛮というか、ようするに下品な言葉がたくさん取り入れられました。なぜ下品な言葉が市民権を得たかというと、民間のならず者やヤクザが人を罵倒するときに使う言葉が、彼らの批判意識を表すには最も適切だったからですね。言葉遣いは民族性をも作り上げるんです。

今は毛沢東教育をしているわけではありませんが、当時の伝統は今でも生きています。たとえば、中国政府が靖国問題で小泉首相を批判したときの言葉は、まさに毛沢東時代のヤクザ同然の罵倒語でした。最近のチベット事件でも、中国共産党は最初からダライ・ラマが黒幕だと決めつけて、口汚く罵《ののし》っていましたね。ダライ・ラマは狼の皮をかぶった羊だともいいました。あれも典型的な文革時代以来の表現です。

チベット事件に対して、最初にそういう言葉で発言したのは、共産党のチベットの書記です。経歴から見れば、あの人は五〇代後半ですから、典型的な文革世代です。あの人はまず、間違いなく紅衛兵だったでしょうね。ああいう革命的、扇動的な言葉の使い方は紅衛兵に典型的に見られたものです。

相手を一〇〇パーセント否定する、相手の人格まで全否定するんです。文革で劉《りゅう》少奇《しょうき》（一八九八～一九六九）を批判したときにどんな言葉が使われたかというと、たとえば「畜生（犬）の穴から這《は》い出た裏切り者」というのがあります。こういう言葉が『人民日報』に出るんです。

文革時代に子供だった私から見ると、そういった批判文というか罵倒文が以後もずっと続いていって、いったいどういう人間を生み出したかというと、品格も教養もどうでもいい野蛮な人間です。

黄 台湾では我々の高校時代、国語教育のなかで白楽天《はくらくてん》(七七二~八四六)の長恨歌《ちょうごんか》とか、唐詩や宋詞《そうし》を暗記したんです。文革時代の中国ではどうだったんでしょうか。近代文学なら魯迅《ろじん》(一八八一~一九三六)がいるわけですが、魯迅の文章は教科書に出てきましたか?また、国語教育は北京語でやるんでしょうが、国語以外の教科、たとえば数学の授業などでは、たとえば上海では上海語だと聞いていますが、石さんの故郷、四川省だったら四川語でやるんですか? それとも北京語でやるんですか? 台湾ではすべての授業を北京語でやったわけですが。

石 文革時代の教科書にも、魯迅はまあ出てきますが、ほとんどが毛沢東の文章です。詩も毛沢東の詩ばかりです。唐詩や宋詞は鄧小平《とうしょうへい》(一九〇四~九七)の時代から国語教育に取り入れられました。また、四川省では国語以外の授業はだいたい四川語でやります。

中・韓・台の歴史教育

黄 台湾では、小学五年生、六年生で地理・歴史を教えます。次に中学校、高等学校と繰り返し教えていきます。

これまでの台湾歴史教育の最大の特徴は、中国五〇〇〇年の歴史は光輝に満ちた燦爛《さんらん》たる歴史だったと教える一方で、台湾の歴史をまったく教えないということです。中国の歴史ではとくに、漢と唐とモンゴル帝国が広大な領土をもっていたことが強調されます。中国の民族の英雄として取り上げられてきたのは、岳飛《がくひ》（一一〇三～四二）と文天祥《ぶんてんしょう》（一二三六～八二）と史可法《しかほう》（一六〇二？～四五）の三人です。岳飛は南宋《なんそう》（九六〇～一二七九）初期の武将で、南進する金《きん》軍に対して果敢な防衛戦を展開しました。文天祥は南宋末期の宰相で、モンゴルの侵入に最後まで抵抗して処刑されました。史可法は明末の忠臣で、明滅亡に際して清の降伏勧告をはね除け、清軍との激戦の末戦死しました。

それに対して、売国奴を漢奸《かんかん》といいますが、漢奸とされてきたのは、岳飛と同時代の南宋の宰相・秦檜《しんかい》（一〇九〇～一一五五）と、一九四〇年に南京に新国民政府を樹立した汪兆銘《おうちょうめい》（一八八三～一九四四）の二人です。秦檜は金と講和を結び、汪兆銘は日本と結びました。

以上のように、台湾の歴史教育は、明らかな漢民族中心史観・大陸中心史観だったんですね。これが変わりはじめるのが、一九九七年のいわゆる「認識台湾」をめぐる論争からです。以来、台湾の歴史を教えていこうという流れが出ていきますが、いまだに決着がついていません。まだまだ論争が続いていています。

台湾の歴史教育は、日本の反日教育以上に大きな問題なんですね。韓国の歴史教育はどうなんでしょうか。

呉 歴史はやはり小学校高学年から教えられるようになり、中学校でももっと詳しく、高等学校ではさらに詳しく教えていきます。その点では台湾と同じというか、どこの国でもだいたいはそうでしょう。

韓国の歴史教育は、強固な民族主義を背景とする教育だといえますが、そこにはさらに大きな問題があります。たとえば、国連人種差別撤廃委員会（CERD）は二〇〇七年八月に、韓国は単一民族や血統を強調する教育をしているが、これは「人種差別につながるので、政府は適切な措置を取るべきだ」と勧告しています。パク・チョルヒ京仁教育大学教授はこの勧告を真摯《しんし》に受け止めて、韓国で行なわれている学校教育の問題点をいろいろと指摘しています。

歴史教育については、「韓国史を扱った小学校四～六年生用の社会科教科書は、過度に民族中心的に叙述されている」として、次のような点をあげています。

「過度に単一民族や血統などを強調している。そのため、外国人への人権侵害や他文化排斥を当然視する誤った認識を植え付けるおそれがある」

「小学校の教科書には、民族文化の優秀性を強調するために他民族をけなす記述が多い。とくに、日本人は文化的に我々よりも劣等だと一貫して記述されている」
「単一民族と民族血統中心の歴史教科書の記述が、深刻な社会問題につながる可能性がある」

まったくその通りなんですね。

中国との関係でいえば、朝鮮半島諸国が中国を宗主国とする臣下の位置にあったことを教えません。モンゴル帝国の侵略に屈服して支配下におかれたとも教えません。

日本との関係でいえば、古代では、三国時代（百済《くだら》・新羅《しらぎ》・高句麗《こうくり》、四世紀〜七世紀）に高度な文化が栄えていたのに対して、日本は文化のない未開の野蛮国だった、その日本に高度な文化を伝えてやったという記述に終始しています。中世では、日本はその恩を忘れて豊臣秀吉が侵略して国土を荒廃させた、近世には帝国主義的な支配を狙って侵略を開始し、近代には植民地支配をしいて、武断的・暴力的・収奪的な統治を行なったとされます。

こうした歴史教育が、自民族の優秀性に対する日本民族の劣等性、韓国＝善、日本＝悪という構図に、極端に偏向した形で行なわれるわけです。

日本というのは歴史的に野蛮で侵略的な国だった、植民地化はその結果引き起こされたものだ、我が民族は日本の歴史的な暴圧に抗していかに勇敢に戦ってきたか……。およそそうした流れを小学生のときから教えられていくわけです。

そのなかで、最もでたらめなのが日本統治時代の歴史です。いちいち挙げませんが、史実の巧妙な捏造《ねつぞう》・改竄《かいざん》によって、日本は自分たちの利益ばかりを追求し、韓国を暴力的に支配・収奪する悪政の限りを尽くした、それが歴史の真実だと教えるわけです。

歴史の英雄ということでは、世宗《セジョン》（一三九七～一四五〇）、李退渓《イテゲ》（一五〇一～七〇）、李《イ》舜臣《スンシン》（一五四五～九八）となります。いずれも李氏朝鮮王朝時代の人物です。世宗はハングルを創始した四代目の王、李退渓は韓国朱子学の大成者、李舜臣は豊臣秀吉軍を撃ち破った水軍の将です。

売国奴の筆頭はなんといっても、日韓併合条約に調印したときの総理大臣李完用《イワニヨン》（一八五八～一九二六）ですが、それ以前に日本の韓国支配を決定づけたとされる第二次日韓協約（一九〇五年）に賛成した李完用以下の五人の閣僚を乙巳五賊《いつしごぞく》と呼び、最悪の売国奴としています。

総じていいますと、我々は平和主義を貫いたが、それだけに数々の受難に遭ってきた、しかし我々はその受難によく耐えてきた、我々の歴史は半万年にわたって受難に絶え続けた恨《ハン》の歴史だった、というものです。我々は一度も他人に迷惑をかけることをしなかった、他国を攻めることをしなかった、我々はいかに平和を愛する善の民族だったか、それに比べて日本は正反対の……という歴史観が最大の特徴ですね。

石　歴史教育は中国の教育のなかで、とても大きなウエイトを占めています。

毛沢東時代の歴史教育の特徴は、毛沢東的階級闘争史観ですね。近代以前の農民一揆《いっき》の世界をことさらにクローズアップして、毛沢東中国の歴史がまるで農民一揆によって作られたかのような、そういう歴史観からすべてが闘争の歴史だったというように教えられました。鄧小平の時代から歴史教育は変わります。それまでのような階級闘争史観はあまり見られなくなっていきます。

今の中国の歴史教育には大きく三つの段階があります。第一段階は、古代の我々中華民族はいかに素晴らしいかということです。漢王朝（前二〇二～後八）はどれほど光り輝いていたか。唐の王朝（六一八～九〇七）はいかに素晴らしいのか。我々はたくさんの発明をし、世界中がその恩恵を受けた、世界のいいところはみんな我々から得たものだと、そういうことが強調されます。

第二段階は、近代になると一転して受難の歴史となるところです。我々はいかに帝国主義に侵略されたかというものですが、そこで一番多くの記述が割かれているのは、もちろん日本ですね。

第三段階が民族の復興です。我々はなぜ民族復興を成し遂げることができたか、共産党があったからだ。そこで、共産党が展開する階級闘争と革命の歴史が教えられます。毛沢東時代に強調されていたのは、共産党が地主階級といかに闘い、いかに中国人民に幸せをもたらしたかです。そして現在強調されているのは、共産党がいかに巨悪の日本帝国主義と戦い、いかに民族を解放してくれたかなんですね。

それで結論として、中国人民と共産党が一体となり、民族の復興をさらに立派に果たしていくのがこれからの歴史使命なんだとなるわけです。

そのように中国の歴史教育は、最初から最後まで一つの政治的理念によってデザインされているんです。一つの政治理念によって、栄光の時代をデザインし、受難の時代をデザインし、復興の時代をデザインする。

毛沢東時代は、民族をあまり強調せずに階級闘争を強調し、共産主義社会の実現が叫ばれました。しかし、さすがに今は、共産主義社会がいいと思っている人はいません。それで今度は、帝国主義を打ち破って民族の復興を成し遂げる、という主張に代わっていったんですね。

それでもう一つ大きな問題は、こういう歴史が漢民族中心に語られるというか、中国の歴史を漢民族の歴史として語るということです。ですから、共産党のチベット人に対する弾圧を、大半の漢民族は当然のことだと思っています。漢民族にとってチベット人の異議申し立ては、漢民族と異民族の歴史的な闘争の一つですから、中国としては鎮圧するのが正しいことなんです。

黄　台湾にも同じ現象があります。チベット問題について台湾の新聞は、いろいろな弾圧があったことを書いていますが、台湾の漢民族の反応はどうかというと、逆に漢民族が殺されたという側面を強調するんです。

大漢民族主義というか、ちょっと我々には考えられないような歴史に対する無知が台湾にもあるんです。たとえば、日本のお相撲さんが台湾巡業をしたときに、モンゴル出身の横綱・朝青龍に対して台湾の新聞記者が、お前はなぜ中国語を喋らないのかといったんです。新聞記者といえばエリートですよ、それがそれほど非常識なことを平気でいうのは、明らかに歴史教育のせいなんですね。朝青龍はモンゴル人である、だからお前は中国人だ、それならば中国語を喋れというわけです。あきれて物がいえません。

呉　韓国で今年（二〇〇八年）、「韓国近現代史」の新しい教科書が出ました。まだ学校での採択はありませんが、一般の書店では売っています。かなりの話題になっていますが、これまでの韓国からすれば画期的な本だといえます。

これまでの韓国の歴史教科書は、いうまでもなく反日民族主義的な傾向の強いものでした。近年ではそこへさらに左翼民族主義が加わって、日本だけではなく、戦後韓国すら否定して北朝鮮を評価するという、きわめてイデオロギッシュな内容になってしまっています。

ところが、この新しい「韓国近現代史」の教科書には、左翼民族主義的な傾向も、これまでのような反日民族主義的な傾向もないんです。韓国では初めてのことなので、とても興味深く感じています。

日清戦争から日露戦争へ、日韓併合へという流れも、韓国＝善、日本＝悪といった倫理的な対立構図ではなく、きわめて冷静に、客観的に叙述されています。これまでのような、感情的な描き方は見られません。

日本統治時代についても、たとえば総督府がやった土地改革をこれまでは土地収奪という角度で書いていたのを、この教科書では近代的な土地調査事業を展開したと書いています。そのほか、農業改革、経済改革についても、これまではまったく触れもしていなかったんですが、近代化という観点でちゃんと触れています。

イデオロギーからではなく、きちんとした実証研究をする学者グループがあって、ずっと準備をしていたようです。それで、大統領が代わったタイミングで公刊したんですね。前の大統領の下では、とても出せる教科書ではありませんでした。

近代化への方向を評価していく歴史観が軸になっていますから、それだけでは割り切れない面については、納得しかねるところも多々あります。しかし、こういう教科書をはじめて世に出したということを、高く評価したいと思います。

石　韓国も変わってきたんでしょうね。同じことが中国についてもある程度いえますね。胡錦濤が訪日して、日中共同声明が出されましたが、そこではじめて、戦後の日本は平和国家であることを認めました。当然のことですが、これまではそんなことをいったこともなかったんですね。

中国もこの一、二年で、日本に対する軍国主義批判一色の宣伝から、多少は変わったといえます。小泉政権時代の五年間、日本は靖国問題で中国とも韓国とも喧嘩《けんか》を徹底的にやりましたね。その結果、中国側も韓国側も、いわゆる歴史カードが有効なものではないことを、多少は悟ったのではないかと思います。

中国と韓国が滅茶苦茶な歴史観で日本を叩く、ああいう時代がちょっと変わってきたんですね。ですから、日本は堂々というべきことを中国、韓国にいっていかなくてはならないんです。これをしなければ、また元に戻ってしまいますよ。

日本語の禁止、日本文化の制限

黄　終戦当時の台湾の新聞は日本語新聞が中心でしたが、二・二八事件以後に日本語新聞の発行が禁止されます。まず被害を受けたのが日本語で小説を書いていた台湾の小説家たちですね。これで彼らはまったく飯が食えなくなってしまいました。もちろん、学校で日本語を話すのも禁止です。私は小さい頃から日本語を使っていましたから、自然に出てきちゃうんですが、見つかったら大変なことになるので、とても困りました。

それから、日本人の銅像が全部取り壊され、その代わりに蒋介石の銅像が建てられました。蒋介石の銅像の数は一平方キロに二つの割合、およそ一〇万体が建てられました。

日本語の歌は台湾人はみんな大好きですが、もちろん禁止され、日本語の歌詞を台湾語に替えて歌うしかありませんでした。私が高校の頃までに禁止された日本の歌は、八〇〇曲以上ありました。

日本の歌の禁止については、面白いエピソードが一つあるんです。あるとき、韓国の留学生がキャバレーかバーでアリランの歌を歌ったんですね。そこにたまたま国民代表、今でいう国会議員がいて、彼がその韓国留学生に「なぜ禁止されている日本語の歌を歌うのか」と詰め寄ったんです。国民代表は中国からやって来た人なので、日本語がまったくわからず、聞き慣れない言葉だから日本語に違いないと思ったんです。酒の勢いか、この国民代表はいきなり韓国留学生にビンタをくわす。その留学生らは相手が国会議員だとも知らずに、何だとばかりに殴り返し、大乱闘になったんです。そこへ警察が割って入ったところ、国民代表が「こいつらが日本の歌を歌ったからこうなったんだ。なぜ取り締まらなかった。職務怠慢だぞ」と警察を叱ったわけです。ところが、彼らは日本語がまったく出来ない、歌っていたのは韓国歌謡のアリランだった、学校のコンパでアリランを歌っていたということがわかり、一件落着したという、そういう笑い話があります。

日本映画では、小学生の頃にはまだサイレント（無声映画）がありましたが、中学生の頃に総天然色（カラー）映画が出てきて、松竹や大映の映画をたくさん見たものです。それが、高校生の頃から日本映画の上映が大きく制限されて、一カ月に一回しか見られなくなりました。日本映画の上映となると、ダフ屋が買い占めちゃってなかなか切符が買えないんですね。日本映画といえば、はじまるずっと前から並んで、ダフ屋から高い切符を買うというのが当たり前みたいになっていました。「君の名は」とか「有楽町で会いましょう」とか「青い山脈」とか、そういう日本映画が流行っていた時代でしたね。

呉　韓国では、日本語で話をする人は親日売国奴ではないかと疑うような状況がありました。それでも戦前の日本で働いたことのある母は、日本語の単語をいくつか教えてくれたりしました。

父も母と一緒に日本で働いていたんですが、日本語を話すのをまったく聞いたことがありませんでしたので、父は日本語が話せないんだと思っていました。ところがずっと後に、私が帰郷したときに知り合いの日本人を連れて家に行ったんです。すると、父はその日本人に、いきなり「日本語は忘れっちまったけど」といって、ペラペラと喋り出したんです。すっかり驚いてしまいました。よほど懐かしかったんじゃないかと思います。「……しちまった」というのは東京弁ですか？　基本は関西弁のようですが東京弁もまじっているようです。

小学生時代を日本で送ったかなり歳上の従兄弟がいるんですが、彼が数年前に日本に来たときには、私が通訳しようとする先に、店員さんたちとそれは流暢《りゅうちょう》な日本語でやり取りするんです。韓国にいたときには、まったく聞いたことがありませんでしたので、これにもびっくりしました。

韓国の場合は、日本語禁止ということはなかったんですが、それよりも周囲の目が怖くて日本語を話さない人が多かったんです。男性はとくにそういう目を気にしていたと思います。時代の風潮がそうだったんですね。

日本の文化については、戦後長らく移入が制限されていましたが、劇画やアニメについては国籍を隠して韓国製の見かけをもって、歌については闇《やみ》でどんどん入ってきていました。私より少し下の世代から、日本製とは知らずに、鉄腕アトムやドラえもんをはじめとする、日本の大衆文化で育つようになったんですね。それよりも下の世代となると、日本の大衆文化にドップリ浸ってきたといっていいでしょう。

石　中国には誰もが知ってる日本語が一つあるんです。それは「バカ野郎」なんですよ

（笑）。昔から中国では抗日戦争の映画をよくやるんですが、そこに出てくる日本の兵隊は口を開けば「バカ野郎」という。それで覚えているんです。

毛沢東時代の抗日戦争の映画では、日本人の悪さとか残虐さとかをそれほど強調することはありませんでした。それよりも、中国の共産党軍がいかに勇敢でいかに賢いかという、中国共産党軍を褒め讃えるための、まあ引き立て役みたいな位置づけで、日本国・日本軍はいかに馬鹿で愚かなのかとやっていたんです。ですからあの時点では、中国人にはほとんど反日感情はなかったですね。滑稽《こっけい》化、ピエロ化して馬鹿にする対象ではあっても、憎しみの対象ではありませんでした。

そうして毛沢東時代に作り上げられた日本人像は、図々しくて、下心いっぱいで、したたかだというものです。一般の日本人の性格とは正反対なのにね。ある意味では、漢民族のマイナスの自画像を投影させて作り上げた日本人像だともいえると思います。

日本人ほどしたたかでない人たちは世界でも珍しいんですが、現実の問題としては、せめてこの日本人像の半分くらいのしたたかさがあってもいいんじゃないでしょうか（笑）。とくに政府や外交官には、半分とはいわずに三分の一でもしたたかさがあれば、日本の外交も変わると思うんですけれど。

黄　反日教育は中国や韓国では絶大な効果を生み出したわけですが、台湾の反日教育はあまり効果を生みませんでしたね。なぜかというと、学校で反日教育を受けても、家に帰ってから修正されるメカニズムがあるからです。親の世代が、我々の過去の経験からすれば、学校で教えていることは違うと修正していくんです。

そのため日本人への偏見がないもので、台湾の若い世代の間に「日本大好き族」（哈日族）が素直に広がっていったんです。台湾の若い人たちは、中国や韓国のような圧力を感じることなく、日本のサブカルチャーに自然に憧《あこが》れていくことができました。観光に行きたい外国のトップはずっとアメリカがトップだったんですが、月刊誌の調査によりますと、去年からは日本がトップになりました。

台湾ではしきりに反日教育をやってきたのに、一番好きな国が日本になるという結果を生みました。高校の第二外国語も九〇パーセント以上が日本語を選修しています。

呉 台湾には何回か行きましたが、昨年の暮れに行ったときに、街を歩いていて道に迷ってしまったんです。台湾の言葉がわからないもので、道を行く二〇代と見える男性に英語で道を聞いたんです。そうしたら、私を日本人だと思ったらしくて、とても上手な日本語で教えてくれました。それで、あちこちで試してみたんですが、若い人でも多くが日本語を話せるので驚きました。

石さんが、毛沢東時代は日本が悪いというより、日本を馬鹿にする観点が強かったとおっしゃいましたね。韓国でも日本は悪い、怖いというだけではなく、レベルが低い、下品だという、いわゆる侮日意識がとても強くあります。歴史的にいえば、中国でもそうだと思いますが、韓国では反日よりも先に侮日があったんです。

日本の戦後教育への苦言

黄 日本の戦後教育には、苦言を呈したいことがいっぱいあります。

一つは、伝統文化、伝統精神、伝統的価値観を否定するような教育はやめてもらいたいということです。そこでは愛国教育が否定されているわけですが、愛国教育とまではいかなくとも、せめて亡国教育はやめるべきだと忠告します。

もう一つは、国家否定の教育です。最近では、国民、国民といって国家に閉じこもっている時代ではない、二一世紀はコスモポリタン、世界市民の時代だといった主張がよくされます。世界市民というのは、たしかに理想かもしれません。しかし、現実にはあり得ない存在です。誰もが、現にある国家のなかで生きているのに、国家を無視、否定するような教育はやるべきではないといいたいですね。

もう一つは、教育の場での体罰全面禁止は果たしてよいことか、というものです。今の学校ではビンタすら禁止されています。しかし、喝を入れるとか、座禅の際に叩くとか、修業、修養の場ではそういうことが伝統的に行なわれてきました。教育の場にも、もちろん暴力はいけませんが、ビンタくらいはあったほうがいいと思います。

そういうことに加えて、恩師を尊敬する感情がだんだんなくなっていっていることがとても心配です。というのは、台湾が親日的な理由の一つとして、戦前の日本の教師をみな尊敬していたということがあるからです。七〇年代から八〇年代にかけて、台湾人が昔の恩師を訪ねて日本へ行くことが盛んに行なわれました。恩師が亡くなった後でも、奥さんや息子さんと親しく交流している人たちは少なくありません。

とくに旧制高校を出た人間には立派な人格者が大勢います。旧制高校の卒業者の大部分は、戦後の我々がいくら頑張っても追いつかない、しっかりした哲学を身につけています。李登輝さんもその一人ですが、旧制高校では、いったい何をどう教えることで、あれほど立派な人間形成を遂げさせることができたのでしょうか。あの旧制高校のエリート教育の素晴らしさを、今の時代になんとか再生できないものかと思います。

呉 大学教師をやっていて強く感じることがあります。たとえば、日本には歴史的な天皇という存在があります。そして西洋には歴史的な王がいます。日本の天皇と西洋の王には、似ているとか同じだとかいってよい面がありますが、まるで違うところがあるわけです。似ているところ、同じようなところはまあ見えているんですが、どこが違うかと聞くと、多くの場合考えたこともないんですね。

そのように、外側からの一般的な目によってばかり物事が理解されていて、自分たちの内側の伝統文化などの固有性とか独自性が理解の対象になっていない、自覚されていない、そういう学生がほとんどなんです。

それで、天皇家といえば伊勢神宮、そこでは皇室の祖先神として天照大神《あまてらすおおみかみ》が祀《まつ》られている、これはいったいどういうことですか、と聞いてみますと、ほとんどがはじめて聞いたというんですね。教わったことがないといいます。学校教育では必要のない知識とされているんでしょう。日本の天皇と外国の王との違いがわからないわけです。

もちろん、外側からの一般的な目で見た理解は大切です。しかし同時に、内側の目で見たら、天皇はイギリスの王さまとはここが違うよ、というところから、その固有性とか独自性が理解されていかないと、日本人が日本を理解したことにはなりません。

黄さんがコスモポリタンとか世界市民とかいわれましたが、世界人になれ、国際人になれということがいわれますね。もちろん、世界的・国際的な観点をもつことは重要です。でも、どこから世界を見るかです。当然ながら、日本人なら日本という足場に立って世界を見るわけです。世界を見る足場をもたない世界人、国際人なんて、いるわけがないんです。このいるわけがないのが、コスモポリタンとか世界市民というものですね。

そういうことに気づいたという、ある学生の感想文を読みました。その学生は、親の影響か教師の影響かわかりませんが、とにかく国際的な視野を広めようということで、高校生のときにカナダに留学しました。好きな英語の勉強ができるし、日本では得られない知識も得られたし、楽しいこともたくさんある。しかしその一方で、そういうことに向き合っている自分とは何なのか、どんどんそれがわからなくなっていって、ものすごく落ち込んでしまった。このままでは精神的におかしくなるということで、いったん日本に戻るんです。

それで今度はアジアだと、インドなどの国々を巡るんですが、自分が何かが余計にわからなくなってくる、自分は何のために生きるのかで悩む。鬱《うつ》病までは行かないけれども、落ち込むばかりなので、結局日本に戻って大学に入るんです。

それで半年後、私の授業のレポートで書いた感想文の内容が、「先生の授業を通して、自分はずっと根なし草としてフワフワ漂っていたということがよくわかりました」というものだったんです。また、「なぜこんな簡単なことに気づかなかったのだろう、なぜ日本に根を張った国際人という考えをもたなかったのだろう」といったことを書いていました。自分の国の伝統文化を、本格的に教えるべきではないかと思います。

石 黄さんと呉さんが今おっしゃったことに、まったく同感です。私も日本の教育の問題点としては、伝統文化を教えないことを第一にあげたいと思います。

次に問題としたいのは、戦前に日本はいかに悪いことをしたかという観点での教育です。おそらく、自分たちはいかに悪いことをしたかを内容とする教科書がある国は日本だけでしょう。

まだあります。それは、世の中や世界の厳しさというものを、ほとんど教えていないということです。私は教育の現場にいるわけではありませんが、若い人と話をしたり、書いたものを読んでいて、世界に対してなんて甘い幻想をもっているんだろうと感じることがたびたびです。

最も典型的な幻想は、平和幻想でしょうね。もちろん、世界は平和であることが望ましい。しかし、若い人たちの間に支配的にあるのは、平和、平和と叫べば、あるいは念仏のように平和、平和と唱えれば、この世の中は平和になるという幻想なんですね。現実に平和を生み出すには何をなすべきか、関心すらないようです。ようするに若者たちの大部分は、国際社会の現実認識がゼロに近く、平和という夢のなかに生きているんです。

また、若い人たちに命の大切さを教えよう、ということが盛んにいわれますね。たしかに、日本の学校が一所懸命に命の大切さを教えていると思います。ところが、それで殺人者が減ることはないわけです。それどころか、かつてなかったような凶悪犯罪がどんどん出てくるわけです。ここでも、命が大切だと念仏を唱えれば、凶悪犯罪がなくなるみたいな幻想があるんですね。伝統的な日本には、これほどの凶悪犯罪はなかった――このことを真剣に考えてみるべきなんです。

命の大切さとか平和とか、現実認識抜きにそんなことを教えていると、無力な国民、国際社会の困難に実際的な対応ができない民族になってしまいますよ。他の国が攻めてきたらどうするんですか。この調子だと両手を上げて降伏する以外にないわけです。

戦前に特攻隊員が出撃する前に書き残した遺書を読んだことがあります。驚くほど、教養が高いし、品位も高い。志も高くて美しさがあるんですね。二〇代の若者ですよ。今の二〇代はまったく別の人種になってしまっています。

特攻隊員も一種のエリートでしょうが、日本は戦後にエリート教育を放棄してしまいました。さっき黄さんがおっしゃった旧制高校を出た人たち、八〇代が中心でしょうが、あの人たちを見ていると、今の日本人とはまったく別人に見えてきます。

どこの社会でもそうですが、庶民がみんな国のことを考えるとか、国際政治のことを考えるなんていうのは無理なことですね。志があって、教養があって、大局観があるという本物のエリートが、せめて人口の一パーセントは存在しないといけません。この国の教育がそういう人物を育成しないと、民族はいつの日か沈んでしまうしかないですよ。

第二章

道徳

道徳教育は復活させるべきか

黄　人間にとって道徳が大切なことはいうまでもありませんが、道徳教育については、私はかなりの疑問をもっています。自分のことをいいますと、私は小学校から高等学校に至るまで、それこそ朝から晩まで道徳教育を受けてきたといっていいと思います。学校だけでなく家庭でもですね。それならば、効果はどうかと考えると、必ずしも効果があるとは限らない、逆効果も大いにあるといいたいですね。

戦前は日本でも台湾でも、道徳教育を中心とする公民教育が行なわれましたが、おおむねよい効果があったと思います。しかし、必ずしもそうはいかない場合も多いんですね。どこの国でも道徳教育のようなものはあるわけですが、道徳教育を普及させれば、どこの国も道徳の国とか聖人の国になるかというと、そうはいきません。

そうはいかなかった典型が中国です。中国が二〇〇〇年以上にわたって延々と道徳教育をやってきた結果、今どうなっているかというと、中国の文化人や知識人自身が、中国というのは欲望最高、道徳最低の国だといって嘆いているんですね。外から見ても、まったくそうですよ。

なぜそういうことが起きるかというと、どんな時代であろうと通用する道徳があるという、そういう考えで道徳教育が行なわれるからです。しかし実際には、時代が変われば道徳の内容も変わっていくんですよ。価値観が逆転することさえあります。戦前の道徳と戦後の道徳が、まったく逆になっている面はたくさんあるでしょう。

戦前の日本は愛国心を強調していましたが、戦後はむしろ愛国心をもつのはよくない、悪だとすら考える人たちも少なくないわけです。時代が変わって、家族のあり方や社会の構造が変われば、道徳も変わっていくんですね。

道徳を頭からいいことだと考えるんじゃなくて、批判的な目で見ることが大切だと思います。たとえば、近代ドイツの哲学者ニーチェ（一八四四～一九〇〇）は『善悪の彼岸』のなかで、道徳には強者の道徳と弱者の道徳があるといって、弱者の道徳は弱い者の強い者への反感からの自己正当化にすぎない、といった批判をしています。

それに対して強者の道徳、たとえば貴族や君主の道徳は法を超えたものなんだ、というようなことをいいました。一種の道徳批判なんですが、そういういい方をしたもので、ニーチェの道徳論はナチズム、ファシズムの哲学的根拠になったという批判があります。読み返してみると、やはり一理あるなとは思います。

道徳教育は必要ですが、重要なことは、どういう内容の道徳を教育すべきかということですね。私の考えでは、道徳教育の復活をするよりも、伝統文化を教育するほうが、道徳の面ではよりよい効果を生み出せると思います。

呉　私もそう思います。それで、自分の体験からいうと、道徳教育にはとても危険な面があると思うんです。

韓国で受けた道徳教育では、人間はこうあるべきだ、こう生きるべきだ、目上の人にはこう向き合うべきだ、両親にはこう向き合うべきだといったことが説かれます。そうして、何が正しいことで、何が正しくないことか、何が善で何が悪かをはっきり分けて教えるんです。道徳教育というよりも、原理主義的な価値観教育といったほうがいいかもしれません。こうした教育の影響には絶大なものがあって、若い時分の私は、自分は揺るぎない価値観をもっている、これには疑問の余地はないと自信にあふれていました。

それで、その価値の規準となっているのが、韓国の儒教、つまり韓国的な朱子学なんですね。しかし当時の私は、それは普遍的なもので、世界のどこでも通用するものだとばかり思っていました。ところが日本に来てみますと、一般的な道徳の多くは共通ですが、価値観となると善と悪が正反対になったりするんです。何が正しいことかについても、違うところがずいぶんあります。これは、とてつもないショックでした。

たとえば、ある日本のプロ野球選手が、父親が亡くなった直後にもかかわらず、悲しさをこらえてゲームに出場したということで、多くの人たちが盛んに励ましの応援を送ったと聞いて、とうてい信じられない思いでした。なぜかというと、韓国だったら喪に服すのが子供の務めですから、それをしないでゲームに出るなんて、とんでもない親不孝だとなるわけです。しかも、韓国では最も高い道徳価値が「孝」ですからね。

黄さんが、時代や社会が変われば道徳も変わるといわれましたが、それも日本で痛切に感じさせられました。来日当時、八〇年代に入ったばかりの頃の韓国は、かなりの経済成長を遂げていたとはいえ、まだまだ節約・倹約が美徳とされ、これが国の経済を助けるとされていました。ところが日本では、どんどんお金を使ってどんどん消費することが奨励され、これが国の経済を助けるのだというわけです。これも正反対の一つです。

日本人では、他人に迷惑をかけないということが、とても大事なこととされますね。子供の頃からそれを厳しくいわれるということを知って、これまた大変なショックを受けました。もちろん、韓国でも迷惑はいけませんが、韓国ではある程度他人に負担をかけること、お世話になる関係がいいと考えます。そうすることによって、より親密な関係が作られるというのが通念です。ところが日本では、迷惑はもちろん、負担をかけてもよくないというのが通念ですね。

善悪観の根本にあるのは宗教性ではないかと思います。キリスト教の文化、日本の神道系の文化、儒教の文化、それぞれ善悪観にはかなりの違いがあります。共通に根拠を置ける道徳教育は可能かというと、それぞれの宗教性が違うわけですから、とても難しいと思います。

韓国では、道徳とは礼にほかなりません。この礼というのは、形として表す儀礼のことです。社会の秩序や人間関係を保つための、作法であり、制度であり、儀式であると考えればいいと思います。

日本ではどうでしょうか。もちろん、日本人も礼にはうるさいですね。しかし多くの日本人は、道徳の本体は内面から自分を律するところにある、というふうに考えていると思います。それを表に出したのが礼だとなるでしょう。ですから「表裏不同」は人間として恥ずべきことだとなってきますね。韓国の場合は、そこが大きく違ってくることになります。

たとえば、韓国近代文学の父といわれる李光洙《イグァンス》（一八九二～一九五〇）という人が、一九二二年に「民族改造論」という論考を書いていて、そこで韓国人が改造すべきところの一つに「表裏不同」をあげています。どういうことかというと、韓国人には「人に対して表ではへつらい、裏では悪しざまにいう態度」が特徴的に見られるということなんです。

簡単にいえば、韓国の道徳は罰則のない法制度だと思えばいいんです。制度ですから、表では親には礼を尽くし、バスや電車に乗れば年上の人に席を譲ります。しかし裏ではその逆のことをしていて平気な人が大変に多いと、そういうことを李光洙はいっているわけです。

道徳違反に罰則はありませんが、社会的に強く非難されますから、表だけはなんとしても道徳的にふるまおうとする、そういう偽善が起きやすいんです。

韓国の道徳は裏ではどうなっているか。その実態の一つを表しているのが、道徳に反する犯罪が韓国にはとても多いという事実です。なにしろ、韓国の犯罪発生率のトップが詐欺事件なんですね。二〇〇〇年の数字でいうと詐欺事件の発生率は日本の八倍強、贈収賄事件だと二七倍強、横領事件だと三三倍強という具合です。

日本は本格的な道徳教育をしていない国の代表みたいなものですが、韓国は本格的な道徳教育をしている国の最たるものでしょう。その結果がこれです。こうした数字一つ見ても、韓国の道徳がいかに表面だけのもので、内面から自分を律するものになっていないかが、よくわかると思います。

ですから、私も黄さんと同じように、道徳教育の効果には大きな疑問をもっています。その時代、その時代の人々の生き方を知っていく教育をしていけば、そこには現在に至る日本的な道徳観の伝統のようなものが見いだせるはずで、そういうことを教えていったほうがいいと思います。さらにいえば、黄さんがいわれたように、日本の伝統文化を教えていくことが大切ですね。これは大きな効果を生むと思います。

石 中国の文革時代は、ある意味では偽善的な道徳の時代だったともいえますね。革命の論理で作られた毛沢東の道徳ばかりが流布された時代です。たとえば、人をいじめてはいけないというのは、普通は誰もが守るべき当然の道徳です。ところが文革時代では、相手が革命の敵だとなったら、死ぬまで殴り続けるのが美徳とされました。しかも、さっき呉さんがいわれた倹約の精神のように、貧乏な社会にいる国民には質素な生活を強いる一方で、毛沢東たちはとんでもなく贅沢《ぜいたく》な生活をしていたわけです。

まことに貧困な社会主義なんですね。毛沢東は国民に滅私奉公をいいながら、毛沢東自身は滅私の正反対のエゴの塊ですよ。その反動で鄧小平の時代になると、いきなり欲望の時代に走るんです。それで、黄さんがいわれたように、欲望最大、道徳最低の社会になり下がってしまいました。

儒教ということでいうと、語っていることのほとんどが道徳倫理です。つまり、「仁」とか「義」とか「信」とかの徳目です。それなのに、中国では本当の意味での道徳心が育ってきませんでした。なぜかというと、道徳の根拠が何も示されていないからです。問題はまさにここにあります。

「仁」や「義」などの儒教が語る徳目の根拠は何かということ、これを儒教は明らかにしていません。人間はなぜ道徳を守らなければならないのか、動機付けがなくてはなりませんが、儒教はこれを与えていないんです。それに対してキリスト教には、一神教の神様がある。人はみなこの神様の下で生きるのだ、というところに動機付けがあるわけです。

道徳教育の根本はやはり宗教的心情だと思います。神様を畏《おそ》れているから道徳を守るんですね。中国の宗教性といえばだいたいは道教でしょう。しかし、道教の道徳に関する仁義というのは、結局のところ欲望のためのものなんですね。こうすればいいことがある、長生きができる、福がやって来るというものです。ようするに、現世利益主義なのであって、道徳の根拠となるものがないんです。そこが中国の儒教文化のダメなところです。

しかし、だからといって、道徳教育はいらないという意見には賛成しません。人間社会にとって道徳はとても大事なものです。問題は、道徳倫理の根本にある宗教的な心情のようなもの、その心を育てることだと思います。

儒教は言葉で事を解決しますが、道徳は心を育てます。黄さんがさっきいわれたように、日本の伝統文化にはそういう心があったんです。たとえば、神道にある「汚いことをしてはいけない、清らかな心でなければいけない」という心持ち、これは素晴らしい宗教的な心情だと思います。

キリスト教文化圏では、近代に入るとニーチェのように「神は死んだ」といういい方が出てくるわけです。この言葉の意味は、神という道徳の規準を失うと、みんな無茶苦茶なことをやるようになる、ということですね。私はこの神が死んだ時代に、道徳あるいは道徳教育の根源を再建するのに、最も大きな可能性は日本的な伝統文化のなかにあると思います。

儒教倫理教育の大きな弊害

黄　私は基本的に道徳否定の考え方なんです。といっても、すべての道徳を否定するのではなくて、儒教道徳を否定するんです。

そもそも、人間の神様に対する信仰がだんだん世俗化になってきて、この世俗化した社会を規制するために、神様に代わるものとして出てきたのが道徳です。ようするに、道徳を一種の社会規範とし、これで社会を規制しようということです。ところが、儒教道徳というのは一種の家族や宗族道徳なんですね。社会道徳とはいえないし、これを社会道徳とすれば、とても不十分だというしかありません。このことについては梁啓超《りょうけいちょう》（一八七三～一九二九）は、はっきりと中国には社会道徳はないと言っています。

哲学から見た場合、道徳の次元は宗教の次元よりもやや下なんです。西洋でもそう見ています。それに対して、中国と韓国は儒教道徳を最も重要視したんですね。日本は重要視していません。儒教道徳が受け入れられていないんです。津田左右吉《そうきち》（一八七三～一九六一）がいっているように、儒教は日本に定着していないんですね。

儒教道徳の「仁」とか「義」とかは外的に強制していくものです。仁たれ、義たれと外から強制的に押し付けるのが儒教道徳です。

私の体験でいえば、外的な強制は親からの圧力と社会の圧力でした。そうして生み出される社会道徳というのは、非常に偽善的で形式的なものです。外的な強制が強ければ強いほど、人間というのはやむを得ず偽善者になっていく。中華思想の教育を受けた人間ならば、独善的に考えるようになってしまうでしょう。

つまり、外的強制をすればするほど、人間の良心が奪われてしまうんですよ。儒教道徳の強制は、日本の国学者もいっているように、人間本来の良心を奪ってしまうんです。

石 これからの道徳教育には、神道の要素を取り入れる、戦前の教育勅語の要素も取り入れる、キリスト教の要素も取り入れる、本当の儒教は日本にあると思いますのでこれも取り入れる、というのがいいと思うんです。日本儒教は日本の伝統文化の一部になっていますでしょう。そういう意味で、伝統文化教育をすべきだと思うんです。

黄 私の考えはちょっと違うんです。

アジアの宗教というと、数千年前に生まれたシャーマニズムが初めですね。韓国にはシャーマニズムが強く残っていますが、北方アジアに発したシャーマニズムが昇華したものが儒教だといえます。それに対して中国南方は、道教あるいは老荘《ろうそう》思想なんですね。この二つの考えは対立的なものです。

老荘思想には、儒教の道徳を否定する考えがあります。荘子《そうし》は儒教道徳の仁義を批判して、警察には警察の仁義があるし、泥棒には泥棒の仁義がある、それぞれ違うものだ、同じ一つの仁義ではない、ということをいったんです。つまり、儒教には仁義とは何かという概念規定がないわけです。それで二〇〇〇年間論争して、結局のところは、お前の考えている仁を俺は尊重するけれども、お前も俺の考える仁を尊重してくれ、というのが結論なんですね。ようするに、儒教がいう徳目というのは、それぞれの独善で解釈して構わないという考えなんです。それはいわゆる「見仁見智」です。もちろん老子《ろうし》も「棄仁絶義」、つまり仁義を棄てろと唱えていたのです。

神道はどういうところが儒教と違うかといいますと、まず非常に純だということです。実にピュアーな、アニミズムに近い純なる宗教性があります。それに対して儒教はきわめて人為的なんですね。神道は道教に近いと思います。

ただ、神道は理論的に不十分なので、仏教の思想が入ってきてこれを取り入れ、ようやく理論武装されたんですね。原始神道にあった基本的な考えが、これによっていくらか発展したわけです。

神道の核心にあるのは、「清き赤き心」といえばいいかと思います。清き心というのは、汚れのない、純粋な心ですね。赤き心というのは、あるがままの心、うそいつわりのない心、真心ということですね。そういう心のあり方や姿勢を、一番大事にしているのが神道です。しかし、残念ながら「清き赤き心」だけでは社会生活はやっていけません。やれるとしても、日本でしかやっていけません。外国では通用しない。そこが少々物足りなく感じるところです。

石 私も、日本の文化、伝統、社会の根本にあるのは神道の清らかな心だと思います。それこそが、本当の意味での道徳の原点ですよ。そういうようなものがなければ、そもそも道徳は成り立ちません。

しかし、それだけで社会が成り立つかというと、それもまた無理な話です。清らかな心は原点ではありますが、人々が社会のなかで一緒に暮らしていく以上、秩序も作らなければなりません。ですから、礼の精神とか、仁の道徳とか、いろいろな徳目を導入していって、それで一つの社会が全体として成り立つわけです。

礼を守るといっても、その背後に宗教的な心情が、宗教的な原点がなければ成り立ちようがありません。魂と肉体の関係でいえば、魂がなければ肉体は意味のないものになってしまいます。しかし、魂だけがあって肉体がないとなれば、それはまた人間として存続していけません。

そういう意味で、私は江戸時代の武士たちの生き方は素晴らしいと思うんです。武道でしっかり鍛えた肉体をもっている。そして、仏教や儒教をはじめ高い教養を身につけている、文学的な素養も立派にある。しかも自らを律する武士道精神というものがある。武士たちの精神世界は、日本の伝統文化の理想型じゃないかと思います。

呉　日本と中国・朝鮮半島では、道徳の起源あるいは土台となっている宗教性が大きく異なりますね。そもそも民族の文化的な資質というものは、いつの時代に文化的な統一性が形づくられたかで基本的に違ってくるわけです。

中国の文化的な統一性が形成されたのは、漢民族についていては、明らかにアジア的な農耕社会がはじまった以後であり、政治的には古代専制主義国家の成立期でしょう。朝鮮半島は時間的には中国よりもずっと遅れますが、やはり朝鮮半島でアジア的な農耕社会がはじまった以後に、文化的な統一性が形づくられました。儒教はこのアジア的な農耕社会、農耕文明を背景に登場した思想です。

それでは日本はどうかというと、すでに縄文時代に全土に縄文文化がいきわたっていました。北は北海道から南は沖縄まで、周辺の離島、伊豆七島にも隠岐《おき》にも対馬《つしま》にも縄文文化が形づくられていました。地域ごとに個性のある多様な顔をもっていますが、これらは総じて縄文文化といえる一つの統一性を形づくっていました。縄文時代にも農耕は行なわれていましたが、日本で本格的にアジア的な農耕社会がはじまったのは弥生時代からですね。

別のいい方をすれば、アジア的な農耕社会が形成される以前の、狩猟や漁労などの自然採集を中心とする生活形態の時代に、すでに現在の日本の国土とほぼ同じ範囲に、文化的な統一性が形づくられていたわけです。この時代の宗教性は、先に黄さんがいわれたアニミズム的なものですね。後に神道と呼ばれるようになる宗教性は、この時代を背景にして生まれていったものです。

アジア的な農耕社会の形成以後、朝鮮半島では農耕時代以前からあったシャーマニズム的なものがある程度残りますが、文化の中心部からは排除されます。しかし日本では、アニミズム的、神道的なものが文化の中心部から排除されることなく、以後の文化形成に基本的な役割を果たし続けていくわけです。だからこそ、仏教は日本的な仏教となり、儒教は日本的な儒教となっていくんですね。

中国南部では、儒教を批判する老荘思想・道教が登場し、またインドから仏教が渡来します。儒教では、いかに自然の原理を制度・政治哲学・道徳哲学の原理とするかが目指されます。それに対して道教では、道徳以前の脱制度的な自然のあり方を道徳哲学に対応させていきます。また仏教では、自然生命の自由なあり方をどのように内面の自由の問題にしていくかが目指されます。ざっと、そういえるかと思います。

それぞれ異なる思想ですが、儒教・道教・仏教はいずれも、自然と一体のうちにあった狩猟採集時代の人間の精神が、農耕の開始とともに自然と分離していった初期農耕社会に登場したアジア的な思想です。それに対して神道は、それ以前の自然と一体のうちにあった狩猟採集時代に発する思想です。ここのところをどう考えるかが、我々にとっての道徳の問題ではとても重要になってくると思います。

たとえば、日本の街に出てみると、バス停などには整然とした列を作って人々が並んでいますね。これには儒教も道教も仏教も関係ありません。象徴的にいえば、道徳以前のレベルで社会秩序が形成されている姿です。お母さんたちが「人に迷惑をかける子になってはいけませんよ」というのも、道徳以前の「それはみっともないことだ」という気持ちが先だっているからですね。

キリスト教文化もそうだと思いますが、中国でも韓国でも、人間というのは放っておくと何をするかわからない存在だと考えます。そこで、ある種の宗教性に基づいて人為的な社会規律として道徳を作っていくことが必要となります。

それに対して日本では、人間のあるがまま、自然なままの心というのは、清らかで嘘いつわりのない心なのだと考えます。そこから、仏教を受け入れ、孔子も孟子も受け入れ、老子も荘子も受け入れ、キリスト教も受け入れ、神道的な心情や自然主義的な調和思想のなかに、それらが説く道徳を次々に位置づけていきます。こうして社会秩序が保たれていきます。

清らかで嘘いつわりのない心というのは、道徳的に正しい心というよりも、美しい心として感じ取られています。何が善で何が悪か、何が正義で何が不正義かという道徳の考え以前に、日本には何が美しい心や行動で、何が醜い心や行動かという、美意識を規準にした価値観があります。これは、儒教文化、キリスト教文化、イスラム教文化に見られる、厳しい戒律や規律とはまるで違うものです。

ですから日本では、戒律や規律を教える道徳教育ではなく、日本人の美意識をもって形成されてきた伝統文化を教えていくことが、一番かなっていると思います。私自身の体験からいっても、これは外国人にも十分通用すると思います。

道徳の源泉にある宗教性と美意識

黄 道徳とは何かを根源から考えれば、人を殺してはいけないとか、嘘をついてはいけないとか、人にやさしくせよとか、そういうことを唱えるのが道徳なんですね。そんな当たり前のことをわざわざいうようになったのは、先にもいいましたように社会の世俗化が進んだからです。

中国の殷《いん》（前一六世紀頃〜前一一世紀頃）の時代には、道徳というよりも宗教的なお告げみたいなこと、たとえば占いなどを大事にしました。周《しゅう》（前一〇五〇頃〜前二五六）の時代になって礼を強調するようになります。人間関係では、どういうときにどういう礼をすればいいのかが、段々定まっていきます。時代を下ると、礼だけでは社会秩序がうまく保てなくなって、家族主義の社会でしたから、とくに家族をめぐる精神的な規律としての道徳が唱えはじめられていきます。そうして、孔子が仁を強調し、孟子が義を強調するようになっていきます。

しかし戦国時代（前四〇三〜前二二一）になると、礼と徳でも不十分、もうどうにもならなくなって、ついに法が出てきたわけです。法の規制がないと社会秩序を保てないまでになったんですね。そこで出てきたのが、戦国末期の韓非《かんぴ》（〜前二三三頃）らの法家思想です。秦《しん》の始皇帝（前二五九〜前二一〇）が中国を統一すると、徹底した法家思想に基づく統一政策が実施され、儒教は害悪を垂れ流すだけだと、儒教の書物をみんな焼いてしまう「焚書《ふんしょ》坑儒《こうじゅ》」が行なわれます。次に漢《かん》の時代になると、また儒教道徳を強調するようになります。以後、さまざまな変遷を経ながらも、二千数百年にわたって儒教が中国の支配的な思想となっていったわけです。

それで近代になって、儒教的な道徳だけではどうにもならない時代となり、儒教批判がいろいろと展開されてきました。それで現在ではどうかというと、中国や台湾では、また韓国でも、今なお儒教的な道徳観や価値観から脱しきれているとはいえません。

ですから、道徳を唱えることが、社会秩序の安定にとってどこまで有効かを歴史的に反省すれば、日本の戦後教育が道徳教育に反対していることも一理あるんですよ。反対派にいわせると、法だけで十分じゃないか、なぜ道徳教育の必要があるのかとなります。たしかに一理ありますが、法だけでいいかというと、これも違うと思います。

伝統的な神道の考え方はいいんですが、やはりそれだけでは社会秩序を保つには不十分です。それで、日本の伝統文化のなかで、何が道徳を超えているかを考えていくと、文芸の方面にもいろいろ感じられますが、やはり日本の仏教思想じゃないかと思います。

いずれにしても、宗教には道徳的な善悪を超える要素がたくさんあると思うんです。日本はそういう宗教的な方向から、伝統文化の教育を考えるべきではないかと思います。中国の歴史が示しているように、道徳を教えれば教えるほど人間の良心が奪われてしまうんです。結果的に生まれたのが偽善と独善しかないと中国の歴史から教わりました。道徳教育は非道徳をもたらすんですよ。道徳教育のような外的強制ではなく、自分の心のなかから生まれていく良心とは何かを教えていくには、宗教に基づくのがいいのではないかという気がするんです。

呉 私は先ほどもいいましたように、日本人には美意識あるいは美学を規準にした価値観があると思います。私は大学の学生たちに、「あなたは悪い人間だといわれるのと、みっともない人間だといわれるのと、どちらが辛いですか」とよく聞くんです。日本人学生は、たいがい「みっともない人間だ」といわれるほうが嫌だといいます。それに対して、中国や韓国やその他のアジア諸国からの留学生は、みんながみんな、「悪い人間だといわれたくない」というんですね。見事なほど、はっきり答えが違ってくるんです。

また、他の先生と話をしていて気がついたことですが、中国・韓国の留学生は試験のときにカンニングをよくするんですね。その先生は、日本の学生にもカンニングをする者がいるが、何人かがちょっとした盗み見をする程度のものだ、しかし中国・韓国の留学生の間ではカンニングをするのが当たり前みたいに蔓延《まんえん》していて、しかもそのやり方は巧妙で酷いものだというんです。たしかにそういえばそうなんですね。実際、韓国ではカンニングしないのは馬鹿だとすらいわれますしね。

それで、その先生と「なぜそうなのか」という話になったとき、その先生は「日本人はだいたい、カンニングは悪いというよりも、みっともないことだと考えてやらないんですよ」といっていました。

「みっともない」というのは「見苦しい」ということ、そこでは「見るに耐えない醜い自分の姿」がイメージされているんですね。中国人や韓国人ならば「悪いことだ」とか「正しくないことだ」とかなるでしょう。そこにあるのは自分の姿のイメージではなくて、社会的な道徳に照らしてどうかという理性に基づいた判断なわけです。この場合、実際にどちらがよき効果を生み出しているかといったら、カンニングのことからいっても、明らかに理性的判断よりも美醜の自己イメージなんですね。

今の若者には伝統的な日本人の心が失われているとよくいわれますが、彼らの言動もまた、自己イメージの美醜に基づいたものであることに変わりはありません。いろいろと問題があることはわかりますが、全般的に心配する必要はないと私は思います。

さっきいったバスの乗り場の列にしても、日本に来て間もない中国の留学生などには、平気で割り込んで先に乗っていったりする者が少なくありません。しかし日本の若者でそういうことをする者はまずいませんね。なぜかといえば、そういう自分は「みっともない醜い自分」だからです。

若者でも子供でも、何かよくないことをしたときに、「そんなことしたらあなた自身がみっともないでしょう」といえば、心のなかでは自然に醜い自分が自覚されますから、必ず効果が生まれます。悪いことだといえば、大人だってやってるじゃないかという逃げの手を防げません。ですから美意識に訴えればいいんです。

石 私もそれに大賛成です。

黄さんがいわれた道徳のベースにある宗教的な情念、日本の神道というのは、まさに美意識から成り立っているんですね。神道の一番大事な概念は、穢《けが》れを禊《みそ》ぐこと、穢れを洗い流して清らかにすることでしょう。それはまさに美学であって善悪ではないんです。そこが根本的なところです。道徳を超えるというのではなくて、道徳の基礎を作り上げること、それなんですよ、やらなくてはならないのは。

一般的に「親孝行をしたほうがいい」といいますね。私もそう思いますし、孔子がいう「孝」は守るべきです。親を簡単に殺すような風潮に対しては、どうしたって道徳教育が必要です。日本の戦前の修身教育も、その一つのモデルになると思います。それを単に理念的にやるんじゃなくて、神道のような自然の土台の上に立ってやること、それなんです。土台だけがあればよくて、道徳教育がいらないというわけではけっしてありません。その逆も、もちろんやるべきではないんです。

たとえば、白虎隊で有名な会津藩の幼年教育に「十の掟《おきて》」といわれるものがありましたね。「年長者のいうことに背いてはなりませぬ」「年長者にはお辞儀をしなければなりませぬ」「虚言をいうことはなりませぬ」「卑怯《ひきょう》な振る舞いをしてはなりませぬ」「弱いものをいじめてはなりませぬ」などですが、そういうことを掟として絶対命令にするのは反自然ですよ。

そうではなくて、神道の心に典型的な美意識、そういう土台のうえに、日本人は仏教や儒教を取り入れて、一つのあるべき人格のようなものを作り上げました。その人格的なものに表されているのが道徳だと私は思うんです。この道徳は、けっして『論語』のなかに書いてある「言葉」ではありません。「人格」なんです。

そうした人格の理想型はどこにあるかというと、たとえば幕末の武士たちのなかに見いだせます。西郷隆盛（一八二七〜七七）とか、ああいう人たちにね。ああいう人たちの人格のなかには、神道も、仏教も、儒教も溶けこんでいます。そこが日本のすごいところです。根源がしっかりしていて、その上でいいものをどんどん取り入れているわけです。

これからの日本が伝統的な日本を回復するには、日本的な美意識の感覚を取り戻すことと、日本の神道を教育すること、それから道徳教育をやっていくことだと思います。

呉　大賛成です。関連することでいいますと、岡倉天心が『茶の本』のなかで、日本の茶道というのは、一種の審美的宗教、美を崇拝することに基づく一種の儀式だと書いていますが、なるほどと思いました。神様を崇拝するように美を崇拝するといえば、たしかにそういう感覚は日本的だなあと感じます。

同じことが茶道ばかりでなく、華道とか、客のもてなし方とか、物作りのあり方とか、日本文化のすべてに共通していえると思います。たとえば日本の伝統職人さんたちは物を作るときに、一般の目には見ないところまで、ものすごく丁寧に作るでしょう。もはや人間の目というよりも、神様の目を意識して作っているんじゃないかと思うほどです。これはね、人が見ていようがいまいが、みっともないことはしたくない、ごまかすことはしたくないという意識のあり方とまったく同じことでしょう。日本人の宗教性というのは、こういう宗教性なんですね。

そのように、伝統文化のなかから、美意識に基づいた日本的な道徳観をいろいろと見いだすことができると思います。

美は普遍性をもてるのか

黄　道徳は宗教のなかに含まれているんです。宗教に内包されているものの一つが道徳で、儒教道徳もその一つです。ただ、儒教道徳を社会全般に通用させるには、根本的な弱みがあるんです。それはどういうことかというと、儒教道徳がカバーし得る範囲は結局のところ家族だということです。ですから、これを社会に適用させようとなると、逆効果になってくることがあるわけです。そういう限界があるもので、老荘思想や墨子《ぼくし》（前四八〇頃〜前三九〇頃）が儒教を批判したことはあったんですが、漢の時代以降は批判しないことが基本になって、道徳が独走していったわけです。

それに対して日本には、道徳の独善や独走を食い止めるような思想があるんですね。たとえば伊達政宗（一五六七〜一六三六）の考えもそうです。伊達政宗は家訓のなかで、義に対してはほどほどでいい、仁に対しても、勇、礼、智に対してもほどほどでいいといっていいます。なぜかというと、仁が過ぎれば弱くなる、義が独走すれば頑固になる、だからほどほどでいいということなんですね。

ようするに、中庸をとったほうがいいというのが伊達政宗の考えです。しかし中国には、そういう仁義の狂奔を食い止める思想がないんです。

私は六〇年代に中国の哲学の探究をやめて、主に西洋哲学を思索したんですが、たとえばマックス・ウェーバー（一八六四～一九二〇）の孔子批判を興味深く読みました。ウェーバーは、孔子が語っている論語というのは、だいたいインディアンの酋長が自分の集落の人間に対してする一種の説教にすぎないと、だからたいしたことないといっている。これは正しいですよ。

石　いや、私は正しいとは思いませんね。マックス・ウェーバーの孔子批判は、白人の有色人種に対する優越思想からのものです。私は、インディオの長老がインディオの人々に語った言葉が、欧米人の道徳に劣っているとはまったく思いません。同じレベルのことを語っていると思います。それなのに、マックス・ウェーバーは西洋中心主義だから、インディオを馬鹿にしてインディオには道徳がないといったんです。

黄　道徳がないとまでいったわけではないですけれどね。たしかに、ウェーバーの考えを白人の独善的な考えだと見ることもできます。でも、ウェーバーは孔子の説く道徳は村落共同体的な狭いもの、あるいは家族的な範囲に限った道徳であって、人類共通の普遍的な価値がないといったんですね。それはその通りだと思うんです。

別のいい方をしますと、漢の末期に仏教思想が儒教を圧倒し、東アジア全体が仏教国家になりましたが、なぜそうなったかといいますと、仏教思想が儒教を上回る普遍的な価値をもっているからです。時代が変われば変化するのが道徳というものです。

ですから、普遍的価値ということを考えると、道徳だけではダメなんです。道徳には宗教的受け皿が必要であって、宗教心と切り離して道徳だけを教えれば逆効果になってしまうんです。

私は台湾にいたときまでは、儒教道徳こそがすべての宗教を超える思想なんだ、地球上で最高の思想が儒教思想なんだと思っていました。それが、日本に来てから、儒教思想の偽善的で独善的な性格を発見したんですね。それならどうすればいいかとなって、哲学にはまったく興味がなかったんですが、だんだん興味をもつようになっていきました。六〇年代から西洋哲学に、七〇年代には歴史哲学に、八〇年代に入ると仏教哲学に、という具合に興味をもって勉強してきました。

そういうことを通して、結局のところ、道徳を超えるものは日本の伝統文化のなかにあるのではないかと考えるようになったんです。よく見てみれば、武士道のなかにも、和歌のなかにも、日本仏教のなかにも、それがあるではないか、そういう発見を私はしたと思います。ただね、お二人は美学だといわれますが、私が中学のときには絵を描いていたのに高校生になって辞めてしまったのも、美に関してはなかなか理解ができないからなんです。たとえば、カント（一七二四～一八〇四）の美学の論理ですが、私には哲学の基礎があるから読めるはずなのに、どうにもこれが読めないんです。美の世界に入ると、私はまったく文盲みたいな、いや美盲ですかね、まるで理解ができなくなってしまうんです。

たしかに、美というのは道徳を超えるようなものかもしれませんが、何をもって美というかは個人的な差が大きいんじゃないかと思うんです。私が見れば美だけれども、他人が見れば美ではないというようにね。ですから、美が普遍性をもてるかどうかというのは、私にはちょっと疑問なんです。

呉　黄さんのいわれる普遍性というのは、理性をどこまでも高めていった先の最高の概念みたいなものですよね。ようするにそれは、個々人の経験を超越する観念であり、個々人の頭の上のほうから超越的に全体を覆っていくものでしょう。唯一の神様みたいに。でもね、それとはまったく逆方向の普遍性というのがあると思うんです。

黄さんがいわれる普遍性が頭の上に広がる普遍性だとすれば、それに対してお腹の底や足元のほうから広がる普遍性ですね。

たとえば、さっきのインディアンの話じゃないですが、かつて人類は共通に自然崇拝とか自然への畏怖《いふ》の気持ちとかをもっていた時代があったわけです。これを無知・迷妄ゆえのものとする考えがありますが、そうではなく、自然との融和感とか一体感とか、自然の細部に心身が入り込めるような実体感の現れとして、人類の精神の最も基盤のところ、最も深いところから人類を包み込む普遍性だともいえるわけです。

美術、芸術というのは、こちらのほうの普遍性というか共通性を源泉としていると思うんです。

しかしながら、やがて最高の概念みたいなものがこれに強く影響を与えるようになります。たとえばシンメトリーの美とか、幾何学紋様の美とか、一部の歪《ゆが》みもない整形美とか、自然から離れた人為的、人工的、理念的な美を生み出していきます。ギリシャ的な美もそうですし、キリスト教的な美もそうですし、朝鮮的な美もそうした傾向を強くもっています。

それに対して日本的な美は、そういう最高の概念みたいなもののほうからの影響がとても少ないと思います。あるいは影響を受けても、結局は自然との融和感とか一体感とか、そちらの普遍性優位に発達してきたと思います。こうした方向で洗練されていって、高度な発達を遂げた美というのは、おそらく日本にしかないでしょうね。

日本語に「かぐわしい」という言葉がありますね。元は「かぐはし」ですが、この「くはし」は「細し」とも「美し」とも書かれ、また「微妙」とか「妙」の漢字に「くはし」と訓がふられることもあったそうです。細やかであることを美しいことと感じていたのでしょうか。自然の細部にわたる感受性の強さが、そういう感覚を生んだと思います。

黄 たしかに日本の美のなかには、繊細な表現が顕著ですね。たとえば小さなタンポポの花とか、我々から見ればまったく美の世界に入らないものがあります。日本の非常に繊細な美的感覚は、やはり自然に対する微細なまでの愛着があるからでしょうし、西洋人にはあまりないものですね。

呉さんがよく茶室の話をしますでしょう。いくら聞いてもね、私はなかなかその美の世界には入れないんです。ですから、作法通りに座って抹茶を飲みながらも、私が興味をもてるのは、あの甘いお菓子くらいのものなんですよ（笑）。

あの世界は日本人独特の世界で、中華文明の美の世界とはまるで別の世界です。中国にも水墨画の世界があるわけですが、あれは死の世界なんですね。生きている世界ではないんです。とにかく自然が枯れていて、文明が没落していて、どうにもならないような世界が中国の水墨画なんですね。これが日本に入ると、また日本独特の美の世界になってくるということなんでしょうね。とても中国人には理解できない世界です。

石 たしかにそういう面がありますね。

同じお茶を飲むといっても、日本の茶道であれば美の儀式になる。切腹すれば、外国ならただの自殺ですが、日本では洗練された美意識にのっとった儀式になる。禅宗にしても、中国で発祥したんですが、美を追求していったのは日本です。庭園にしてもそうです。吉原となると、一般的には薄汚い性の世界になりますが、日本ではそこから粋の文化が生まれる。そういうことでは、中国人の理解を超えていますが、その理解を妨げているものがあるわけで、そこを脱すれば理解できるんですね。

呉　中国人や韓国人には、日本文化は自分たちの模倣だ、ローカル版だといった固定観念があるからかもしれませんね。西洋はまったく違う文化ですから、我々よりも素直に理解できるんじゃないでしょうか。繊細さということでも、中国人や韓国人は、細かいこと、小さいことに丹念に取り組んでいくことが苦手ですね。細かいことは気にせずに、雄大なるもの、天下国家を論じるのが大人《たいじん》だと思っているわけです。

黄　日本の精神関係の本を読むと、戦前の日本人が一番強調していたのは真善美なんですね。今はほとんど死語になっているようですけれど。通常は、この三つはそれぞれ独立した哲学の課題ということになるんですが、そうではなくて、日本人は一つの統一された価値みたいないい方をするんですね。しかし、真と善と美が一つになるなんてあり得ないことじゃないかと思うんです。

どう考えても、真と善と美は別次元のものだから、この三つをくっつけることは所詮、無理じゃないかと感じるんです。私は美についてはダメなんですが、美に興味をもっている人から見て、善と真というのは美の世界に取り入れられるものなんでしょうか。どうにも疑問があるんですけれど。

呉 これが統一されれば、最高の理想だということなんでしょうか。通常は、真といえば認識の問題になるでしょうし、善といえば倫理の問題になるでしょう。そうすると、美というのは直観の問題になるでしょうか。よくわかりませんが、人間はこの三つをバランスよく兼ね備えるのがいいということじゃないんでしょうか。いずれにしても、理屈をいっているんじゃないと思います。

これこそ日・中・台・韓の土俗的宗教だ

黄 次に、少々高度な文化からはずれて、土俗的宗教の話をしたいと思います。台湾でも香港でもそうですが、風水に対する一種の迷信が広く見られます。そういう土俗的信仰が古代からあって、今でも残っている代表が風水に対する信仰ですね。

日本ではどうかというと、日本に来て知って驚いたんですが、日本では干支をもとにして運命を占う算命学が、台湾や香港以上に盛んなんですね。これは予想外のことでした。

東洋の占いにはほかに、面相、手相、声相とか、名前の字画の占いとかいろいろなものがありますね。なかでも声相は科学的なものだそうです。ある音楽家がテレビでいっていたことですが、どんな人でもその声を聞けばその人の性格がわかるそうなんです。面相とか手相とか、新宿の母とか何々の母とかの算命学は信用できないけれど、声相は科学的で信用できるといっていました。性格がわかれば運命がわかるというんですね。また、数字で宇宙の原理のすべてがわかるというのがあるんです。これも科学的だということをいっていました。

そういう迷信の世界、土俗的な宗教の世界を集大成したのが道教です。台湾の道教寺院には多くの信者が集まるんです。国会の総統選挙の時期になると、多くの議員が信者でなくても寺院へ行って、あたかも私は信者ですとお線香をあげてお祈りしたりするんです。台湾では今の時代でもなお、そういった土俗的な信仰が健在だし活発です。

どのくらい信者がいるかというと、台湾の人口は二三〇〇万人ですが、規模の大きな宗教団体になると四〇〇万人くらいだという調査があります。五、六人に一人の割合なんです。日本をはじめ世界各国に寺院があって、大勢の信者を抱えています。それで、たとえばどこかで大地震があると、政府の救援部隊よりも早く現場に行って活動をはじめるんです。あの力というのは、日本の宗教団体がとうていおよばないものです。あの影響力と実行力はすごいものです。誰からみても羨《うらや》ましいかぎりの組織力です。

日本のかつてのオウム真理教とか、韓国の統一教会というのは、現代的に装いを新たにした新興カルトか土俗宗教といえるでしょうか。そういう古くからの迷信、あるいはそれに類する信仰が、なぜ今でも力をもっているんでしょうか。

呉　やはり多くの庶民が、現世利益を求めるからでしょう。アジアはそれがとくに強いですが、仏教やキリスト教などの世界宗教を受け入れた諸国でも、かなり仏様や唯一の神様に現世利益を祈ってますよね。

この前、台湾へ行ったときに、最近は帝王切開が流行っていると聞きました。どういうことかというと、運勢のいい日時に合わせて帝王切開をして子供を産むということなんですね。

また台湾では、オフィスを作るのにも必ずといってよいほど風水を考えるでしょう。ある日系企業を取材したときのことですが、その会社の社長室が入り口のすぐ側にガラス張りにしてあるんです。最初は、警備室かなと思ったんです（笑）。それで、そこが社長室だというので、なぜこんな所に社長室を作ったのかと聞いたら、社長さんが渋い顔で、風水でこうしろといわれたので仕方なくそうした、といっていました。

韓国でも風水の伝統は今なお盛んです。街作りも、家作りも、お墓を作るのも、たいていは風水を見てもらって作ります。お墓が風水的にいい場所でないと、子孫が繁栄しないということですから、いいところはすでにもう一杯になっているんですね。家で不幸なことが続くというので風水師に見てもらうと、まずはお墓の場所が悪いということをいわれます。それで、風水師に従ってお墓を移す人も多いんです。

一般的な占いも、日本とは比較にならないほど盛んです。ソウルには占いの家がズラッと並んだ街があって、韓国にいたときには、私もあちこちの占いの家に入っては、いろいろと見てもらったものです。

日本でも占いが盛んだとはいっても、韓国のように真剣、深刻なものじゃないと思います。軽い気持ちで手相なんかを見てもらっている人が大部分でしょう。韓国では、結婚するにも宮合《クンハップ》といって、相性を占ってもらうんですが、これで合わないとなると、それは深刻な問題となって、破談になるケースも珍しくありません。

見てもらう料金はそれほど高くはないんですが、運勢がよくないのでお守りを買うとなると、これは高いですよ。日本の神社で売っているお守りは何百円か、高くてもせいぜい一〇〇〇円くらいでしょう。韓国の占い師から買うお守りは一〇万円、二〇万円の単位です。日本ならば、間違いなく霊感商法といわれるところですね。韓国ではお守りにはそれほど高額な価値があると考えますから、何百円だなんてお守りには値しないわけです。

黄　日本では算命学がとても大衆受けしていますし、霊媒とか霊感のある人だとかの話も大衆的な人気が高いですよね。韓国はそれ以上だということなんでしょうね。

また韓国では、今いわれたように、お墓の風水について信仰する人がものすごく多いですよね。クリスチャンのなかにすらそういう人が少なくないとも聞きます。この韓国のお墓の風水の信仰というのは、宗教の違いを超えているような気がするんですが、どうなんでしょうか。

韓国での精神的な影響力では霊感的な宗教というのが一番強くて、実は統一教会教祖の文鮮明（一九二〇〜二〇一二）のほうが大統領以上に影響力をもっていたんじゃないかと思うんです。国際化がどんどん進めば、韓国では彼のようなリーダーが、国際的にも影響力をもつリーダーとして求められていくんじゃないでしょうか。

呉 文鮮明の影響力は、韓国国内ではそれほど強いものではありませんでした。韓国で最も宗教的な影響力をもっているのは、福音派のキリスト教会です。キリストの再臨を信じる教派ですね。福音派の教会としては最も大きな勢力をもっている教会がソウルにありますが、この教会の信者のほうが統一教会の信者よりも断然多いです。統一教会は韓国では主流ではなく、異端とされています。
福音派のキリスト教会もしきりに現世利益を説きます。日本人も神社に現世利益をお願いするといいますが、まあ「みなさまのお陰を得たい」という気持ちとほとんど変わりはないと思います。韓国の場合は、もっとべったり寄り添った現世利益信仰なんですね。

石　人生のなかにはいろいろなことが起きますが、すべてを自分でコントロールすることはできません。たとえば、街を歩いていて車にはねられたりすることがある。すると、なんで自分だけがこんな目にあわなくちゃいけないのかと思う。人間というものは何か理由がほしくなるわけです。こういうことがあったのは、こういう原因があるからだと。それで納得して気持ちを楽にしたいわけです。

どこの民族でも、多かれ少なかれそういう気持ちをもっているのは同じことでしょう。ただ、程度の問題だということはあります。たとえば、日本の学生が大学受験のときだけ神社に行って、一〇〇〇円払って絵馬を書く。そのくらいは「可愛いな」ですみますが、韓国みたいに何十万円も出してお守りを買うというのは、それはおかしなことですよ。そこまでいくと、もう非現実を現実とする考えと同じになってしまう。

日本の宗教感覚は適度なものです。軽い気持ちでお守りを買うくらいはちょうど良いです。そういうものが皆無な文化はちょっと殺風景ですよね。人知だけでは計り知れないものがある、だから神明様にでもお参りしておこう、そうすれば何かいいことがあるかなと、その程度のものがいいと思うんです。

黄　中国の歴史を見ると、春秋時代（前七七〇～前四〇三）は土俗的な信仰が強かったんですが、戦国時代になるとだんだん弱くなってきます。秦の始皇帝の時代の陳勝《ちんしょう》と呉広《ごこう》による農民反乱（前二〇九）でも、カルト的な性格は弱いものでした。それが漢の末期から強くなりはじめます。それで宋の時代にはカルト的な性格は弱くなり、清の時代になるとまたカルト的な傾向が出てくるようになります。

中国の場合はそういう波があります。中国はもともとは台湾以上にカルト的性格をもっているはずなんですが、現在を見る限り、中国で一番強いのは七〇〇〇万人を超える共産党員の集団です。その次に多いのが、多数のゴッド・ファーザーをもつチャイナ・マフィアで四三〇〇万人くらいなんですね。

しかし、現在の中国には法輪功というのもあるわけです。どのくらいの会員がいるのか知りませんが、一説には一億人近いという話もあります。また最近では、キリスト教のなかでもカソリック人口が一億人近いともいわれます。

私が見るところでは、中国人が世界のなかで一番世俗化した民族なんですね。それで石さんに聞きたいんですが、現在の社会主義が支配的な中国のなかで、カルト的な信仰の広がりはどこまで可能なんでしょうか。

石 共産主義の時代になってから、中国人の大半、とくにエリート階層の間では、あらゆる意味での伝統的な宗教は全部壊されました。それで徹底した唯物主義が力をもつようになったわけですね。

漢民族は昔から、自分を捨てて、財産を捨てて、何かに奉仕するという対象が、神であったり、教祖であったりという傾向は、あまり強くないんです。ですから中国は、庶民にとっては救いのない社会であり続けてきたんです。毛沢東時代はもちろんのこと、鄧小平の改革以後でも、庶民にとっての救いの道はどこにもない。だから法輪功などにすがることにもなるんです。中国の伝統的なエリートはもちろんですが、今の中国のエリートたちは、宗教的なことは何も信じないことが自分たちの賢さの証明だと思っています。

現代中国も、毛沢東の時代は一部の共産党の幹部以外はみんな平等に貧乏でしたが、今は貧富の差がすごく広がってしまい、何億人もの庶民たちが体制からも政治からも見捨てられています。国民保険、医療保険すらもない状態です。法輪功が流行った一つの大きな理由は、病気になっても病院に行かずに法輪功の気功で治るという、藁《わら》をもつかもうとすがる気持ちが、庶民の間に広がっていったところにあるんですね。

日本をはじめ、それぞれの国がかかえる青少年問題

黄　日本では親殺しや子殺しのような、これまであまり見られなかった犯罪が突出するようになっていますが、こうした問題については、全般的な価値観の崩壊という面を見逃すこ

とができないと思います。

台湾のことをいうと、蒋経国《けいこく》（一九〇九〜八八）の時代、八〇年代に一時的に少年犯罪が増加しました。その時代には、卒業式には校長がみんな逃げ出すというような現象がありました。卒業式に、校長が生徒たちに殴られるという事件が起きていたんです。先生と学生の大乱闘が、あちこちの学校で起きていました。かつての台湾からすれば、とてつもない事態となったんです。それで、蒋経国は公開銃殺をしたんですよ、学生たちを凶悪な犯罪者として処刑する様子を、テレビで見せたんです。これもとてつもないことですね。

私は九〇年代にようやく台湾に帰ることができたんですが、その頃の台湾には全寮制の学校ができていました。学校の成績がどうかというのではなく、おかしな友だちの影響を受けないようにすること、これが目的の第一なんですね。寝る時間、起床の時間、勉強の時間がきちんと決まっていて、規則正しい生活ができるので、両親も安心するんです。ただ、なぜかよくわからないんですが、この一〇年ほどで全寮制の学校はほとんどなくなってしまいました。

最近の台湾では、学校崩壊とか道徳崩壊とかは、社会問題としてクローズアップされないし、ほとんど耳にしないようになっています。どういうわけかと考えるんですが、カルト宗教のほうに影響されて、宗教心が強くなって消えてしまったのか、あるいは別の価値観に変わったのかどうか、よくわかりません。

とにかくこの十数年、青少年問題というのは新聞には出なくなりましたね。一番深刻なのは、中国と日本なのではないか、韓国はまだいいほうだろうなと思います。韓国の青少年問題は、アジアのなかで一番うまくいってるんじゃないですか。

中国のことですと、数字を見る限りでは、とてつもない犯罪件数なんですね。青少年の犯罪は二〇〇〇年から、年間四〇〇万件ほど一気に増加しています。あれほど厳しい社会主義の教育下なのに、なぜそうした現象が出てくるんでしょうか。一七歳以下の青少年の精神異常者は三〇〇〇万人以上いるんですね。これは、どう考えたらいいんでしょうか。

石　一つの理由は、全般的な道徳の崩壊ですね。そういう状況のなかで、青少年が何を規準に社会関係を作ればいいかという枠組みが、何もなくなってしまっているんです。

大人を見て正しいことをやる、というのが中国の昔からの伝統的な教育です。ところが、今の中国の大人はみんながみんな不道徳ですから、とんでもないことになってしまう。自分の親だろうが親戚《しんせき》だろうが、みんな賄賂を取ったりやったりしていますから、道徳もなにもあったものではない。教育以前の問題ですね。今の時代は、中国人自身にとっても、とてつもなく特別な時代だといっていいと思います。

紅衛兵の時代には、それなりの基準があったわけです。毛沢東を本気で信じて、この思想を批判する者は殺すというヤクザみたいな規準がね。これがまあ、社会秩序を保っていたところがあるんですが、今は信じるもの、規準にするものが何もないいんですよ。

呉 黄さんがいわれた、韓国の青少年がアジアのなかで一番うまくいっているんじゃないかとは、とてつもない幻想ですよ。これまでの韓国の伝統社会では、家族とか親戚とか、血縁関係という場所が、外での社会的な競争に敗れても、唯一安心して戻れる所でした。しかしこの十数年前から、韓国では音を立てるようにして倫理崩壊現象がはじまり、今では血縁関係までが、本当に安心できる場所ではなくなってしまっているんです。

韓国社会に、現在に至るすさまじい倫理崩壊がはじまったのは、通貨政策の失敗と金融システムの脆弱《ぜいじゃく》性から経済危機に陥り、ＩＭＦに資金援助を要請して国家経済がＩＭＦ管理下に置かれた時期（一九九七年一一月〜二〇〇一年八月）からです。以後、韓国はＩＭＦが要請する自由競争市場への転換を、「ＩＭＦ優等生」といわれるほど忠実に、しかも猛スピードで推進していったんです。極端なリストラ、極端な成果主義の採用など、これまでの韓国社会ではあり得なかったことが当たり前のようになっていきました。

日本のように、緩やかに時間をかけて改革が進められたんじゃないんです。ある日突然に経済秩序が一変したとすらいってよいほど、それは急激なものでした。ですから、社会に亀裂が走らないわけがないいんです。

その間の若者を対象にしたアンケート調査をずっと見てきましたが、およそ八〜九割の若者たちが、韓国の社会は信頼できないと答えています。大学新卒で正規社員として雇用されたのは、二〇〇七年で五割ちょっとしかいません。犯罪の低年齢化もこの間に一挙に進み、とくに性犯罪の低年齢化が深刻な社会問題となっています。人口一〇万人当たりの一〇代の強姦事件発生件数を二〇〇五年でみますと、韓国は一一・五です。それに対してアメリカは六・〇、日本は一・一ですから、韓国がどれほど酷い状態になっているかは、およその見当がつくんじゃないでしょうか。

驚かれるかもしれませんが、二〇〇三年九月に韓国のある情報関係企業が行なった、二〇代と三〇代の男女を対象に実施したアンケート調査では、七二・一パーセントが「移民を考慮している」と答えています。韓国社会から多くの若者たちが出たがっているんです。また韓国の自殺率は日本を超えて、世界九位になっています。なかでも若者の自殺がとても多いんです。うっぷんばらしの放火事件も、すさまじい勢いで増加しています。

韓国の社会は今、倫理崩壊への道をひた走っている真っ最中です。日本では突出した事件がマスコミで騒がれるから、日本もダメになったと思いがちなんです。しかし全般的な数字を見れば一目瞭然《りょうぜん》、日本の凶悪犯罪発生率は、世界的に最も低いクラスに属しています。そういう事実を見すえて、なぜ日本はそうなのか、この事実は何を意味するのか、そこをきちんと考えていくべきだと思います。

第三章

食事

食は香港・広東にありから台湾にありへ

黄　食は香港《ホンコン》にあり、あるいは食は広東《カントン》にありという言葉があります。そういわれるように、昔から広東料理は美味しいとの評判が高かったんです。しかし食を別な意味でいうと、広東人は何でも食べるんですね。それで、四つ足のものはテーブル以外、飛ぶものは飛行機以外は何でも食べる（笑）と皮肉られたりします。

中国料理といえば香港か広東と相場が決まっていたんですが、最近ではかなり様子が変わってきています。台湾料理はとても美味しい、中国で食べるよりも台湾のほうがずっと美味しいという話を、台湾へ観光に行ったことのある中国人から、よく耳にするようになりました。

昔はそうでもなかったんですが、台湾料理はたしかに美味しくなったと思います。台湾には、いろいろな文化のさまざまな料理が入ってきて、食文化が時代とともに変わっていきました。それで、そういう流れのなかで、常に新しい調理法を追求し、時代に合う味を研究し、という競争が激しく展開されていったんです。こうした料理の競争を通して、伝統的な味がだんだん淘汰《とうた》されていって、新しい台湾料理が生まれていったんですね。台湾料理が美味しくなった最大の理由は、そういう自由競争があったからだといえるでしょうね。

中国の食文化は今、大変化の時代に入っているようです。マクドナルドのハンバーガーを北京で作るようになるなんて、以前にはとうてい考えられもしなかったことです。だいたいマクドナルドのような、ああいった単純な食文化は、味にも食材にも調理法にあれだけ凝る中華料理の国では、まず受け入れられるはずがないと、誰もが思ったんじゃないでしょうか。マクドナルドは北京だけではなく、他の大都市にもできていて、どこでも人気があるそうです。中国にも、味覚の多様化の時代がやってきたんでしょうね。

中国には古くから、「民は食を天とする」という思想がありますが、今のような時代を迎えて、中国の食文化はどんなふうに変わっていくんでしょうか。

石「民は食を天とする」の裏返しでいえば、昔から大半の庶民は慢性的な食糧不足状態におかれてきたんですね。しばしば飢饉《ききん》もありましたし。ですから、いいものを食べることが、昔から中国人にとっては無上の幸せの最たるものでした。

四川省でもそうですが、街で人と出会ったときの挨拶《あいさつ》言葉は、中国ではだいたい「よく食べたか」なんですね。大阪の「儲かりまっか」みたいなもんです。とにかく中国人は、食べることに情熱を注いできましたから、いろいろな料理の体系ができあがってもいったんです。

食べることへ懸命に情熱を注いでいきますから、もっといい食材はないか、あるいはこれを食材にしたらどうかと、盛んに食材が追求されていきました。それで、広州では四つ足のものはテーブル以外なら何でも食べる、といわれるようにもなるんですね。まあ、口に入れられるものならなんでも食べる、そういってもいいわけです。

なんでも食べる文化なんて、日本人には信じられないところでしょう。日本ではむしろ、これは食べてはいけない、あれも食べてはいけないと制限しますね。最近読んだ本からの知識ですが、江戸の将軍家は肉ならば鴨を食べて他の肉は食べないとか、当時はフグは食べるものではなかったとか、いろいろ制限があったそうです。

日本人は昔から食べることには淡白だったんですね。よく「食事を済ませる」といういい方をするでしょう。ちょっと食事を済ませてくるからとか、食事を済ませて本題に入ろうとかね。とにかく早く終わらせるという感じです。食事を楽しむというのではなくて、どこか面倒くさいようなんですね。「用を済ませる」のと同じで、仕方がないから済ませるみたいな感じです。

呉　韓国もずっと貧困でしたから、御飯が食べられるということは、とてもありがたいことでした。街での挨拶も「もう御飯食べたか」なんですね。

中華料理がこれだけ文化的な発展を遂げたのは、やはり絢爛《けんらん》豪華な宮廷文化のあったことが、大きく影響していると思います。宮廷を中心として料理の腕を磨いていったたくさんの人々があったわけです。

中国の人の楽しみはなんといっても美味しいものを食べることだという印象が強いんですが、韓国人はまず飲むこと、次に食べることですね。ちょっと食べに行こうというより、飲みに行こうとなるんです。これは面白いことに、昔の貴族たちの間でもそうでした。ですから、韓国の宮廷料理は食べるためのものというよりも、お酒のつまみとして発達したんです。

中華・韓食・和食――風土から生まれた食文化

黄 私は女房が日本人ですので、家では和食が中心ですが、私は四〇年以上も日本に住んでいていまだに和食に慣れないんです。とくに好き嫌いはありませんし、納豆も嫌々ながらでもたまには食べます。和食は味が薄いものが多いんですが、濃い味が好きです。自分だけならどんなものを好んで食べるかといいますと、チマキ、ビーフン、腸詰めといったものですね。小さい頃から好きだったものばかりです。これだけ長く日本にいて、日本文化に馴染《なじ》んできたのに、どうも食に関してはなかなか馴染まない。これが不思議でしょうがないんです。生活様式が変われば、食べる物も変わっていいと思うんですが。

呉 そうですよねえ、四〇年も日本にいる方とすれば、珍しいほうじゃないんでしょうか。中国料理からしても日本料理は味が薄く感じられると思いますが、韓国料理は唐辛子味が中心ですからなおさらのことです。和食の味は、味がついていないんじゃないとか思うほど薄いわけです。当初は食べた気がしなくて、ずっと物足りない感じでいました。和食になんとか慣れたのは来日して数年経ってからです。

韓国料理の強烈な辛さは、韓国にいるときにはとくに辛いと感じていなかったんですが、日本に来てわかったことは、あの辛さは舌を麻痺《まひ》させるということですね。少し韓国料理から離れてみると、そのことがよくわかります。本当に舌が麻痺するわけではなくて、微妙な味の違いがよくわからなくなっているんです。ですから、外国料理が韓国ではなかなか普及しません。韓国料理こそ世界一の料理だと、韓国人はよくいうんです。韓国人が食に頑固なのは、唐辛子味中心の食生活によって、いわば味覚音痴みたいになっていることが大きいのではないかと思います。

年々和食に慣れていって、二五年日本で生活してきましたが、今は日本の料理が一番好きになっています。でも、若い頃の私は西洋かぶれでしたので、世界の料理といえばフランス料理だと、かなり凝った時期がありました。フランス料理はもちろん美味しいんですが、東洋人にはやはり日常食にはなりません。和食は御飯ですから、味に慣れ、薄い味のなかの微妙な違いとか、素材の持ち味とか、そういうことがわかってくるなかで、和食がすっかり私の日常食になりました。

海外に長く行ったりすると、ああ、早く帰って食べたいなと思うのは韓国料理ではなく日本の料理なんです。ですから、欧米旅行で洋食ばかりでうんざりしてくると、探し歩くのも日本食のレストランです。もちろん、韓国の郷土料理を食べさせる所を見つけたら、懐かしいとは思いますが、それほど食べたいとは思わなくなっています。

中華料理でも、日本の中華料理はさっぱりしていて私の口に合うんです。北京や上海の中華料理、もちろんこっちが本場なわけですが、ちょっと食べづらいんですね。香港の中華料理は多くの人が美味しいというんですが、やはり私には向きじゃないみたいです。でも、台湾の中華料理はいいですねえ。これは、本当に美味しく食べられました。

石さんは、四川料理の本場から日本へ来られたわけですが、当時のあちらの食事情はどんな具合でしたか。

石 私は中国を出るまで、美味しい中華料理を食べたことがないんです（笑）。本当に貧乏な時代でしたから。配給の話をしましたように、まあ今の北朝鮮庶民の食生活に近かったと思います。高級料理を食べさせる所はあるんですが、庶民たちには高嶺《たかね》の花、一度も食べたことはありません

日常的には御飯とわずかな炒め野菜、それだけでした。大学生になって北京大学の食堂で食べたものも、豚のエサと何ら変わらない（笑）。日本に来る前の八〇年代の中盤までは、

ずっとそういう状態でした。

ですから、私が美味しい中華料理を食べたのは日本でなんですね。もっとも、美味しいものなんて食べたこともなかったので、日本に来てからはなんでもが美味しく感じられました。日本の料理にもすぐに慣れました。

当時の中国には洋食が食べられる所なんてありませんでしたから、洋食も日本ではじめて食べたんです。イタリア料理、フランス料理、インド料理はもちろん、高級な中華料理も、みんな日本ではじめて食べました。

世界各国の料理が食べられるというのは、日本文化の一つの特徴でもありますね。しかも現地のものより美味しいと評判のものも少なくない。欧米人のなかにも、日本のフレンチのほうが本場のフランスよりも美味しいという人がけっこういるんですね。諸外国からさまざまな物を導入し、日本風にアレンジするという日本文化の特徴は、料理の面でもよく現れていると思います。

蓼喰う虫も好き好きの郷土料理の自慢話

黄　日本のことわざに「蓼食《たで》う虫も好き好き」というのがあるでしょう。蓼の葉はすごく辛いし食用になるようなもんじゃない、でもそれを好んで食う虫もある、そのように人の好みはさまざまだということですね。たしかにそうなんですよ。我々の世代は、今だったらそんなもの食べられるの、といわれるようなものまで、よく食べたものです。まあ、好きで食べてたわけじゃないんですけれどね。

戦争当時、疎開していたときには、山に行っていろんな昆虫を採って食べました。食べられる昆虫というのはけっこうあるんですよ。バッタもそうだし、セミの一種もそうです。飢饉とまでは行かないまでも、食糧事情がとても悪かったので、野原で野草を採って食べるなんていうのも当たり前のことでした。

この野草というのが、最近の健康食ブームのなかで、薬膳《やくぜん》料理、精進料理としてものすごく流行っているんです。今の台湾では、どこの地域でもレストランの四、五軒に一軒くらいは精進料理を食べさせるんですね。

日本でも、けっこういろんな物を食べるんですね。たとえば、長野県にイナゴの佃煮があります。高速道路のサービスエリアで売っていたのを買って来て食べたんです。蜂の子も、たしか長野県で食べた覚えがありますよ。

私が小さい頃には、台北《タイペイ》のほうでは食用ゲンゴロウを売っていました。あの卵形をしている平べったい水中昆虫ですよ。私は食べたことないんですが、ああいうのも食べられるんですね。ゲテ物食いというわけでもないんですが、他の国ではなかなか食べられないような食べ物が、台湾にはかなりいっぱいあります。

私は今でもね、セミが鳴くと食欲をそそられるんです（笑）。いや、セミが食べたくなるんじゃないですよ。夏になってセミの鳴き声を聞くと、マンゴーが黄色く熟したのを連想するんです。韓国ではどうなんですか？　日本ではなかなか食べられないような、いわゆるゲテ物みたいなのはあるんですか？

呉　ゲテ物になるのかどうかわかりませんが、韓国ではカイコをよく食べます。全国的にではないんですが、食べる地方は多いんです。私の大学の学生たちが、韓国に行ったときに映画館で若い男女が仲良く何か見たことのないものを食べているので、聞いてみたらカイコだというので驚いたといっていました。カイコはだいたい屋台で売っているんですね。それを買って映画を見ながら食べていたらしいんです。学生たちは気持ち悪く感じたみたいですね。

済州島ではカイコを食べませんし、私自身もちょっと嫌で食べたことはないんですが、蒸して茶色くなったのをそのまま食べるんです。良質なタンパク源でとても栄養があるということです。屋台では山積みにして売っていますが、湯気がもうもうと立ちのぼっていて、好きな人はそれで食欲が誘われるらしいんです。

これもゲテ物といえるかどうかわかりませんが、韓国では犬料理が有名ですね。漢方の一種で、「保身湯《ポウシンタン》」といっています。精力が付くといわれていますので、だいたいは男性が食べるんですね。今でも犬が盗まれることがよくあるんです（笑）。

韓国ではおいしそうな犬は（笑）、うっかりすると盗まれますから、気をつけなければならないんですね。一九八八年のソウルオリンピックのときに、国際的な恥だからと一時的に犬料理を止めさせたんですが、裏では売っていましたね。

石　中国でももちろん犬を食べます。犬どころか猿まで食べるわけで、あらゆる動物たちにとって我が漢民族はまさに敵ですね（笑）。それは漢民族のたくましさ、生きていく意欲の強さの現れでもあるでしょう。信仰とか形而上の世界はどうでもいい、とにかくどんな状況でも生きていくんだというたくましさ、そこで何でもかんでも食べてきたんですね。

日本では、伝統的に四つ足をほとんど食べなかったわけですが、それには仏教の影響があったからともいわれます。でも、中国でも韓国でも昔は仏教の影響を強く受けていましたよね。それなのに、どうして日本と食文化がそこまで違うんでしょうね。

呉　韓国といえば焼き肉を連想する人が多いようですが、昔から肉を食べる習慣はほとんどなかったんです。犬の肉も一部の人たちがこっそり食べていた程度のことです。

高麗《こうらい》時代（九一八～一三九二）には仏教の影響で肉食禁止ということもありました。モンゴルの侵入によって牛肉が入ってきましたが、食べたのは上流の一部の人たちだけで、一般庶民はまず食べられなかったと思います。李氏朝鮮時代（一三九二〜一九一〇）でも同じことでした。少し前までの韓国でも、牛肉は大変貴重な食物で、年に一回か二回、特別な日にしか食べられませんでした。

ですから朝鮮半島では肉は常食になることはなく、ずっと菜食が中心でした。タンパク質はもっぱら大豆から摂っていました。海に囲まれていながらも、魚介類を日常食にすることも一般的にはありませんでした。

黄 台湾で犬が盗まれると、盗んだのは絶対に広東人に決まっている（笑）といったものです。中国では犬の肉のことを狗肉《くにく》といいます。羊頭狗肉という言葉があるように、上等な食べ物ではありませんでした。

同じ仏教国家の歴史があるのに、中国では盛んに肉を食べ、韓国でもいくらかは食べ、昔の日本ではほとんど食べなかったわけですね。それは、中国と韓国は純粋な仏教国家ではなく、儒教国家だったからではないですか。中国の仏教は唐（六一八〜九〇七）に入ると、六朝時代（二二二〜五八九）よりは廃れ、韓国の場合は李氏朝鮮から仏教がだんだん廃れていったんですね。

何もかも食べ続けてきたのが漢民族ですね。漢民族がなぜ雑食なのかというと、食糧事情がこの二〇〇〇年間、ずっと豊かではなかったからですよ。とくに広東のほうでは、犬でも猫でもヘビでも昆虫類でも、食べられるものはすべて食べてきたんです。

　中国人が何でも食べるのが西洋人には怖いようで、あの民族にはちょっと勝てないという印象をもったんですね。その何でもかんでもの代表的な食べ物が雑炊ですよ。あらゆる食べ残りを全部ぶち込んで、それを非常に美味しく食べるのが中国人です。西洋人なら、残り物なんてだいたいは捨ててしまうでしょう。だから西洋人の印象では、雑炊を食べている中国人というのはすごく強そうな民族なんですね。


呉　私の故郷の済州島は、お米はあまり穫れませんが自然がとても豊かな地域なんです。海の幸も豊富だし、山の幸も豊富です。漁場も豊かで、済州島では半島とは違って魚介類をたくさん食べます。

　それに対して半島南西部の全羅道は、韓国有数の穀倉地帯でお米がたくさん穫れるんです。でも、お米はほとんど国が徴収していきますから、庶民の食糧事情は国内でもとくに悪かったんです。それで韓国では、全羅道の人間は何でも食べるといういい方をするんです。一般ではほとんど食べないような野草を食べたりするんですが、そういう食材を工夫してとても上手に調理するんですね。これがとても美味しいんです。今でも、全羅道の料理が一番美味しいといわれます。

　全羅道からちょっと海を越えれば済州島ですから、済州島には全羅道から移って来た人たちが多いんです。全羅道の人たちは、故郷のときそのままに、まず我々なら食べないようなわけのわからない野草まで食べるわけです。それで、全羅道人は何でも食べる野蛮人だといって馬鹿にする人が多かったです。

全羅道の人たちは、貧しい食材を工夫しながら食べてきたので料理が上手なんですね。中国にも同じ事情があったと聞いて、なるほど、だから料理があれだけ発達したのかなと思いました。

黄 世界の代表的な料理といえば、中華料理とフランス料理になりますね。たしかに、中華料理は世界的にも有名ですし、実際にも美味しい。だから、中華文明で最後に残るのは中華料理だと中国人自身もいっているわけですが、私は最近、中華料理に対して若干心配しているところがあるんです。

それは、中華料理を食べ過ぎると短命になりやすいということです。油っこいということもあって、胃に大きな負担がかかるんですね。それで、中華料理は世界的な広がりをもっているものですから、短命になりやすいとなると、これは世界的な大問題ではないかと（笑）、これがわかってくると中華料理の世界性も危うくなるのではないかと、そんな心配をしているわけです。

それにしても、今の中華料理の世界的な広がりというのはすごいですよ。スウェーデンに行ったときに聞いたんですが、台湾人がやっている料理屋が二〇〇〇軒、中国人経営の料理屋となると、この二、三年で一万軒くらいになったそうなんです。南米ペルーの首都のリマへ行くと、まあどこへ行っても中華料理店があるんですよ。聞いてみると、二万軒あるというんですね。とにかく中華料理の海外進出にはすさまじいものがあります。

日本のラーメン文化は「道」の域に達している

呉 ラーメンといえば、もともとは中華料理ですが、今やその本場は日本ですよね。しかも、もう中華料理とはまったく別の、日本独自の料理になっているわけです。私が日本に来た八〇年代はじめの頃も、ラーメンにはいろいろな種類があって驚きましたが、今ほどの多様性はなかったですね。

あちこちの街角で、何十人も列になって並んでいるのをよく見ますが、ラーメン屋さんたちの競争にはものすごいものがありますね。私はあまりラーメンは食べないんですが、中国の伝統をここまで日本化し、しかもスープにも具にもメンにも凝りに凝って、一軒、一軒が個性のある味で勝負しているなんて、もう信じられないほどです。

石 日本のラーメン、この味の多様さ深さには本当に感心します。北京なんかどこの店でもラーメンは同じ味ですよ。日本のラーメンの味は地方ごとに違うし、さらに店ごとに違う。まるで郷土料理みたいにもなっている。こんな展開をしている料理って、世界のどこにもないでしょう。

それぞれのあのきめ細かい工夫、ラーメン屋さんにはまさに日本文化の手法が息づいています。日本文化なら華道だとか茶道だとかいいますが、ラーメンも確実にラーメン道といえる境地を切り開いていますよ。何十年間もスープの研究に取り組み続けた、なんていう人物があの世界にはざらにいるんですから。で、それを子供に秘伝として伝えていくと、そういう伝統ができちゃっています。ですからラーメンは完璧《かんぺき》に日本食です。

呉 日本で作り出されたインスタントラーメンとなると、もう全アジア人に共通の日常食品だとすらいえるんじゃないでしょうか。韓国では、生のラーメンはほとんど広がっていませんが、インスタントラーメンは入って来るや否や、爆発的な勢いであっという間に国民食になってしまいました。ですから、韓国人がラーメンといったら、生ラーメンのことではなくインスタントラーメンのことなんです。

韓国では冷麺は昔からよく食べますが、なぜかラーメンはもっぱらインスタントなんですね。ずいぶん前のことになりますが、在日韓国人が韓国で日本のラーメンが好まれるに違いないと考えて、ソウルに店を出したことがありました。サッポロラーメンという名前で売り出したんですが、まったく客が来なくて失敗してしまいました。

なぜ失敗したのか。それにはいくつかの理由があります。一つは、サッポロという地名です。日本でサッポロラーメンといえばブランドイメージが高いわけですが、韓国ではサッポロといってもあまり知られていませんし、知っていても日本の一番北にあるローカルな一地方でしかないんです。

また、日本食といえば韓国では高級とまでいかなくても上品な料理となっています。逆にいえば、上品でなければ日本食の価値がない。ところが韓国でラーメンといえば、簡単に食べる安価なメンのイメージですから、完全なミスマッチなわけです。韓国人はラーメンなんて貧乏人の食べ物だと思っていますから、韓国人のお客さんに日本自慢のラーメンを食べさせてあげようと、ラーメン屋に連れて行って、ものすごく嫌な顔をされたという知り合いのビジネスマンがいます（笑）。

韓国で中国のメンといえば、ジャージャーメンなんです。これは韓国ではとても人気があって、日本のラーメン屋みたいにジャージャーメン屋というのがあるんですね。私もこれが大好きなんですが、日本のものも台湾のものも、韓国のとはちょっと違って口に合わないんです。これればかりは、韓国へ行って食べるしかなかったんですが、最近では韓国のジャージャーメン屋が日本に進出しているんですね。

韓国のジャージャーメン、チャジャンミョンというんですが、五つくらいの種類がありま す。黒味噌（チュンジャン）で炒めたソースをメンの上にかけて食べるので、見た目が真っ黒なんです。知り合いの日本人をジャージャーメン屋に連れて行ったら、黒いので食欲がわかないといわれました。

日本のラーメンとまではいきませんが、韓国のジャージャーメンは、本場よりも美味しく作った数少ない自慢できる料理ではないかと思っているんです。

黄　日本の即席麺、インスタントラーメンは、実は台湾人が発明したものなんですね。私の先輩で、自分が一番最初に作ったんだって自慢している人がいます。もう亡くなりましたけど。インスタントラーメンのルーツはどこかというと、台湾の中部地方に鶏糸麺というのがあって、これなんですね。お湯に入れればすぐに食べられるようになっているのが、台湾にはかなり昔からあったんです。

終戦後に、台湾人が鶏糸麺をヒントにして日本でインスタントラーメンを商品化しようとして、何人かがはじめたんですが、みんな失敗しちゃったんです。小資本で販売ルートが確立できなかったからです。それで結局成功したのが日清食品でした。あそこの創業者も台湾出身者なんです。

呉　ジャージャーメンは中華料理でも、韓国人にとっては韓国料理なんですが、肉まんと焼き餃子もそうなんです。餃子は中国ではチャオズですが、日本ではギョーザといいますね。ギョーザというのは韓国音なんです。これと肉まんはもはや、韓国人にとっては韓国料理なんです。

稲作民の文化的な性格

黄 日本、中国、韓国、台湾に稲作文化が共通しているわけですね。日本の稲作は、長江文明（前一四〇〇頃～前一〇〇〇頃）の揚子江中流と下流地域から伝わったという説と、柳田國男さんのいう東南アジアから南の島伝いに渡ってきた海上の道説というのが考えられていますね。台湾には、中華文明が入る前から稲作が行なわれていました。その起源は約四〇〇〇年前まで遡《さかのぼ》るものです。

興味深いことに、中国歴代王朝の皇帝のなかで米を主食とした者は一人もいなかったらしいんですね。みな麺食、つまり麦食だったようなんです。それで、お米を食べる民族は皇帝になれないという通説があるんです。中国の南方出身で皇帝になったのは、唯一、明《みん》の開祖の朱元璋《しゆげんしよう》（一三二八～九八）です。朱元璋は揚子江の南の安徽《あんき》省の出身なんですね。それでは朱元璋は米食だったかというと、やはり違うらしいです。朱元璋の出身地のあたりは米食ではなかったようですね。

アジア大陸のたいていの北方民族は、一回は中華世界の皇帝になったり、あるいは支配したりしたことがあるんですが、朝鮮民族は一回もないんですね。朝鮮民族は中国から見れば北方民族の一つなんです。

なぜ朝鮮民族には中国皇帝となった者がいなかったのかというと、どうも朝鮮民族が米食だったことと関係あるんじゃないかと思うんです。お米を食べていたら、中国の皇帝になれないという、何かの理由があるのかもしれないと思うんです。

石　仮説としては、米を食べる民族はあまり侵略はしないということになるんでしょうか。しかしそれは、米を食べるというよりも、米作りの生活形態に理由があるんじゃないでしょうか。稲作というのは土地に居着いて、日々田んぼの世話をしていなくてはなりませんから動けませんよね。よその土地へ行くのではなくて、自分たちの土地を守る文化ですね。

稲作文化は、外に出て略奪とか侵略をする文化とは全然違う。そういう文化ですから、だいたい米を食べる民族は温厚ですね。日本人もそうだし、東南アジアの人たちにしてもそうです。

ただ、中国の近代以前では、たしかに麦を食べるやつが天下を取ったんですが、近代以後は逆に米を食べるやつが天下を取るんですよ。孫文も蔣介石も毛沢東も鄧小平も、みんな南の出身で米を食べる人たちです。孫文と蒋介石は、まあ途中までしか天下を取れませんでしたけれどね。毛沢東は湖南省ですから、基本的には米食なんです。

近代以降を別にすれば、侵略性のある民族は、だいたいは遊牧民族か麦を食べる民族だというのは、どうも確実なようですね。

呉 なるほどね、はじめて知りましたが興味深いですね。遊牧民が侵略的なのはよくわかります。農耕地帯に侵入しなければ穀物にありつけないわけですから、どうしても積極的に侵略戦争を展開することになります。しかし、麦を食べる民族となると、ちょっと理由がわかりませんね。稲作よりは耕作に縛られない、焼き畑で移動する人たちもいる、ということでしょうか。

石 畑作にはそれほど難しい耕作条件も高度な技術もいりませんが、水田稲作には一定の広さのある平地が必要ですし、灌漑《かんがい》設備も作らなくてはなりませんし、育てるにもいろいろと手間がかかります。耕作技術も親から子へ孫へと、先祖代々伝えていかないと作れません。田植えだって村人総出でやる必要があります。とにかく土地に居着いて、しっかりした共同体を形成し、一つの土地で工夫しながら収穫量を増やしていくことになります。この土地から一歩も動かないということ、それこそが稲作民が生きていく最大の条件なわけです。

ですから、稲作文化の地域には職人気質の人が多いですよ。日本人もそうだし、中国でも昔から素晴らしい陶磁器を作るのは稲作地域が多いですね。米を食べるということよりも、米を作るために形づくられてきた生活様式が、そうした稲作民の文化的な性格を形成してきたんですね。

黄　文明論者のトインビー（一八八九〜一九七五）が指摘していますが、植物依存の文明というのは非常に単純なんですね。ようするに、土壌にいくらかの注意を払い、水をあげればいいわけです。それに対して、動物依存の文明は複雑なんです。馬や牛や羊の習性に対する知識、飼い慣らす技術、出産させて育てる技術、牧草地をどう移動するかなど、多様な知恵や経験が必要となります。ですから、植物依存の文明よりも動物依存の文明のほうが、パワーから見ても文明から見ても、かなり上じゃないかという説もあります。

呉　水田稲作の場合は、それほど単純とはいえないように思います。とくに日本の場合は、暖かい南方の作物であるお米を、豪雪地帯、寒冷地帯でも穫れるように、大変な品種改良をやったわけです。青森県では、縄文時代末期にすでに水田稲作をやっていたんですから。朝鮮半島でも中国大陸でも、長い間北部では稲作をやってきませんでしたが、なぜ日本人はあんなに北のほうまで稲作を広げていったんでしょうか。柳田國男さんは、それはお米を作ることそのものを信仰としていたからだとしか考えられないといっていますね。

味のほうでも日本のお米の品種改良パワーはすごいですね。お米がこんなに美味しいものだなんて、日本に来てはじめて知りました。新潟で魚沼産こしひかりの新米を食べましたが、もうおかずなんかいらないですね。

石　留学生時代に、日本のお米を一〇キロ背負って、故郷の四川省に持って帰ったことがあるんです。一キロずつに分けて親戚や友だちに配ったんですが、みんながみんな、なんて美味しいお米なのか、おかずがなくてもいくらでも食べられると、大喜びしていました。四川省は中国では一番の米どころですが、日本のお米みたいに美味しいのはないんですね。それでも反日的な中国の友人がそういうんです。くそー、軍国主義者の日本人がこんなに美味しい米を食べてるのかって（笑）。余計に許さない気持ちになってしまうってね（笑）。

黄　今でも日本のお米を中国へ輸出すると、あっという間に売り切れちゃうんですね。値段は現地の一〇倍くらいしますけれど。台湾のお米もけっこう美味しいんですが、日本のお米はそれよりも格段に美味しいですね。

和食は目で食べる？　私の味わった和食

黄　和食の大きな特徴の一つが、「目で食べる」ところにありますね。我々の場合は目では食べないでしょう。どうしても味中心なんですね。だから、食事には美的感覚はあまりかかわってきません。でも日本では、料理そのものがとても美的に作られますし、食器がまた綺《き》麗《れい》なんですね。とくにお皿には、色や模様や形や大きさに、いろんな種類があるでしょう。懐石料理が代表的ですね。

また、日本には音の味覚文化、音を聞きながら味覚を感じるという文化があると思います。川べりでせせらぎの音を聞きながら、滝の音を聞きながら、虫の鳴き声を聞きながら、あるいは琴の音を聞きながら食べるという、風流な趣向があります。

ちょっと変わったところでは、福岡のほうに白魚の踊り食いというのがあるんです。箸《はし》ではなかなか挟みづらいんですが、あれは噛んで食べるんじゃないんですね。そのまま飲み込むんですが、そうすると白魚が泳ぎながら喉《のど》を通っていくんです。その喉を通る感触を美味しいと感じるんですよ。中国人なら、そういう食べ方で美味しいと満足することはないと思いますね。

石　中国料理と日本料理のどこが一番違うかというと、中華料理はできるだけ味を付けるんですが、日本料理はできるだけ素材のままの味をいかして、あまり調味料は使わないところですね。中華はいろんなものを混ぜ合わせ、調味料をたくさん使うので、素材がわからなくなってくるところがあります。

その点、日本の料理は素材主義でとてもシンプル。その代表的なものが刺身で、これで料理といえるのかというところまでシンプル化されている。私が食生活で一番幸せを感じるのが、ちょっとしゃれた器を使った刺身の盛り合わせ。鯛とかブリとかマグロとか、これで日本酒一杯というのが最高です。

これだけ素材の味を大切にするというのは、日本だけでしょうね。新鮮さ第一だから旬という考え方がある。自然が豊かだからこそのことですね。

まあ自分なりにいろいろと料理を食べてきた結論としては、やっぱり料理というのは全体の雰囲気が大事ですね。文化的な環境のなかで、とくに酒との組み合わせが肝心です。刺身を食べるときには、絶対に日本酒。刺身を食べながら紹興酒を飲んでみたら、両方とも台なしでした。逆に中華料理に日本酒も全然ダメです。

呉 先ほどの踊り食いの話、韓国にもタコの踊り食いというのがあるんです。小さなタコを飲み込むんですが、吸盤が喉に張り付いたりして、それがいいとかいうんですね。日本人にも、これが好きな人は多いそうです。

韓国の料理は中国料理のような油っこさはないんですが、それを別にすると中国料理の影響を大きく受けています。本場の中国料理を食べていると、韓国の食べ物のほとんどが中国の影響を受けていることがよくわかるんです。とくに祭事料理はもろに中国の影響を受けています。中国南部、朝鮮半島南部、九州一帯は、環東シナ海文化圏といわれるように、古くからの祭事や昔話や信仰に、深い共通性が見られるんです。でも日本の料理は韓国と違って、中国料理の影響をほとんど受けていない。いろいろな理由が考えられますが、興味深いことだと思います。

混ぜる食文化ということでも、韓国は中国と同じ系統ですね。素材の味よりも、混ぜ合わせたり、一緒くたにして煮込んだり、骨をじっくりと煮込んだり、そうして出てくる味を喜ぶというところ、中国の影響がずいぶんあると思います。

日本の料理は、お皿にちょこっと盛ったいろいろな種類のものを、少しずつ味わうという感じですが、韓国はドッと山盛り一杯に盛るんです。「食卓の足が折れるほど」といういい方があるんですが、それほど山盛りにして食卓に並べること、これで自分がいかに豊かなのかを表現しようとするんですね。それで、客が食べきれずに残してしまう。これでいいもてなしをしたと、主人のほうは満足するわけです。

石 量で勝負というのは中国も一緒です。日本国籍に帰化してからやっと中国に行けるようになって、今年の二月に上海の日本料理屋さんに行ったんです。そうしたら、マグロの刺身が山盛りで出てきました。まるで豚の角煮の感覚（笑）なんですね。日本人なら、見ただけでお腹がいっぱいになってしまうかもしれません。ですから中国でも、食べ残してくれたほうが、料理を出した者としては満足できるんです。

激辛の腕比べ

黄　呉さんが以前に、唐辛子文化とワサビ文化を比較して書かれたことがありましたね。ワサビは辛いといっても唐辛子とは全然違う辛さですし、食感の刺激も唐辛子とは違ってくるということでした。

私は単純に、唐芥子的な辛さの文化は、北の方の寒い地域のものだろうと思っていたんです。辛いのをたくさん食べると身体が火照ってきますからね。ところが事実はまったくそうではなくて、インド料理も東南アジアの料理もとても辛いわけです。とくにタイの料理はあまりにも辛くて、私はほとんど食べられませんでした。

台湾料理はそれほど辛くはなかったんですが、今ではかなり辛くなっています。私の子供の頃の台湾では、そんなに辛いものはなかったし、辛いのが苦手な人が多かったですよ。辛いといっても、せいぜいカレーライスくらいの辛さでした。

日本でもそうでしょう。六〇年代の日本に、今の激辛ラーメンみたいなのを食べさせる店はありませんでしたね。韓国のキムチだって、日本でも盛んに食べるようになったのは、この一〇年ちょっとのことでしょう。

私はキムチも辛くてほとんど食べられません。韓国料理は全般的に辛いし、中国では湖南料理も辛いですが、辛いといえばなんといっても四川料理。私からみれば、とてつもない辛さですね。あの辛さは独特なものだと思います。

呉　今、黄さんに触れていただきましたが、ワサビと唐辛子には、ジーンと内側にくる辛さとパッパッと外に飛び出していくような辛さという違いがありますね。また、体内での生理的な作用の違いをいうと、ワサビには鎮静作用があるのに対して唐辛子には興奮作用があるそうなんです。

テレビから得た知識ですが、ワサビを食べたときの血液は、とくに心臓のほうへの偏りをみせる、それで鎮静作用が働き精神に落ち着きをもたらしてくれる、ということです。一方、唐辛子を食べたときの血液は、頭部のほうへの偏りをみせる、これが神経に刺激を与えて血液の循環をよくさせるんですが、同時に精神的に興奮しやすい作用を生み出すというんです。

これだけ聞くと、まさしくこれは日本人と韓国人の違いじゃないかとなるんですね。もちろん、そのまま文化的な意味につなげることはできませんが、「ワサビの日本」と「唐辛子の韓国」と並べて見ると、そこに二つの文化の違いが見事に映し出されている感じがしてくるわけです。

「物静かな日本人」に対して「カッカとしやすい韓国人」という対比ができるとすると、国民性というものは香辛料の好みにまでおよぶものかとも思えてくるんですが、多分そこまではいえないと思います。たまたまなんでしょうかね。

韓国では夏場に食が進まないようなときには、無理してでもキムチを食べる、そうすると食欲がわいてくるんです。そういうと、たいていの日本人は逆じゃないかといいますね。あまり食べたくないときは、なるたけあっさりしたものを食べるけれど、キムチなんてとうてい食べられるものじゃないって。私なんかは、食欲のないときでも、キムチを食べると、御飯のお代わりをしたくなります。それで、つい食べ過ぎてしまうので、今はキムチをできるだけ食べないようにしています（笑）。

日本人でもキムチが好きな人はずいぶん多くなりましたね。八〇年代の頃は、まだまだ日本人で食べる人は少なかったです。今では日本の激辛ブームはもうブームではなく、日本の一般的な食の選択肢の一つとして、すっかり定着したんではないでしょうか。

石　担々麺が好きな日本人が多いし、キムチもよく食べるし、日本人の食も辛さの点ではかなり変わりましたね。

唐辛子のきいた辛い料理は身体に刺激的ですが、精神的にも刺激が欲しくなるんですね。音楽でいえば、クラシックじゃなくてロックを聴きたくなる。なかでも四川料理は猛烈にうるさいロックを聴きたくなる。クラシックを聴きたい気持ちにさせてくれるのは、やはりフランス料理か日本料理ですね。

四川料理の辛さは大変なものですよ。韓国料理の辛さは一過性で、食べた最初は辛いんですが、すぐに退いていく。しかし四川料理は食べたら最後、翌日まで後を引いて大変ですよ(笑)。でもあの辛さ、あの刺激、すごく気持ちがいいんです。

呉 四川料理は私にしても、かなりの辛さですね。東南アジア料理の辛さにもすごいものがあります。ベトナム料理にも、タイ料理にも、何かピシッと突き刺さるような辛さのものがありますね。韓国料理よりも四川料理や東南アジアの辛さのほうが断然強烈です。インドのカシミールカレーですか、あれなんかも辛くて辛くて、とても食べられません。メキシコ料理の辛さは平気ですけれどね。

辛い辛いとばかりいいましたが、単に一律に辛いだけではなくて、辛さのなかにも微妙な味の違いがありますね。外国の料理ではそこまでわかりませんが、韓国料理の辛さにも、こくの違いがいろいろあります。唐辛子自体にも、甘辛もあるし、真っ赤なのに辛くない唐辛子もあるし、青いもので食べたとたんに飛び上がってしまうほどの激辛もあります。

長寿国としての和食の世界的人気の真偽

黄 二〜三世紀頃の日本人の風習などが記されている中国の史書「魏志倭人伝《ぎしわじんでん》」は、そのなかで日本人は長生きだと書いています。今でもそうですが、和食は長寿を保つと一般的に考えられていますね。油っぽくないし、味付けもゴテゴテしていないし、素材も身体にいいものが多くて、これは健康的でいいんじゃないかと、世界的な規模でいわれるようになっています。スシとサシミは今や世界の共通語ですよね。

最近では、長寿の日本人自らが、国内長寿県の沖縄はもちろん、外はコーカサスやペルーなどの長寿村までを訪ねて、何を食べれば長寿になるかと歩き回ると、そういう関心がとても高くなっています。

どこの国にもたいてい和食の店がありますが、外国で和食の店をやっているのは、多くの場合日本人ではなくて、韓国人か台湾人なんですよ。経営者もそうだし、コックさんもそうです。少なくとも私の体験では、外国で日本の料理を食べようと入った店のほとんどが、韓国人か台湾人がやっている店でした。

たとえば、ドイツのハンブルクで、一番有名な日本料理店だというので行ったら、そこは韓国人がやっていました。アメリカのニュージャージー州で、かなり美味しい日本料理の店があると友人に連れていってもらったら、そこは台湾人がやっていました。何が違うかというと、味も若干違うんですが、量がまるで違うんです。やっぱり、これでもかという具合に山盛りにして出してくるんです（笑）。

韓国人がやっている日本料理店で、なぜ韓国料理をやらないで日本料理をやるのかと聞いたら、儲かるからっていってました。また、何年か前に友人に連れられてデンマークのコペンハーゲンからスウェーデンに入って、中華料理を食べに行ったときのことです。そこは、友人の知り合いがやっている台湾の中華料理店なんですが、中華以外に日本料理もやってるんです。おかしいでしょう、一つの店のなかで中華料理と日本料理が出てくるわけですから。なぜかと聞くと、観光地だから日本料理をやらないと店が潰《つぶ》れてしまうというんです。日本人観光客がいっぱい来るから両方やっているんです。邪道といえば邪道ですね。

日本料理店を韓国人や台湾人がやるぐらいですから、日本料理はよほど儲かるのかもしれませんが、いずれにしても昨今の、日本食は健康にいいという世界的なブームが大きいんでしょうね。長寿に関心が高まると、中華料理はだんだん国際性を失っていくんじゃないかと思います。

中華料理には、満漢全席のように、皇帝が朝から晩まで食べているような料理があるでしょう。満漢全席というのは中国皇帝主催の宴に出される料理で、贅沢の限りを尽くした超高級料理なんですね。一五〇品以上あるといいますが、これを一日中食べまくり、三日から一週間かけて食べ終えるというんです。

こんなのを年中食べていたら、長生きなんかできるわけがありません。実際に中国の皇帝の平均寿命を計算してみると、三八歳くらいなんですね。満漢全席とまではいかなくとも、中華料理を毎日食べていると短命になりやすいことは、医学的な研究からもいわれていることです。油っこいこと以外にも、化学的成分からくる問題もかなりあるんですね。

今はまだ中華料理のほうが日本料理よりも優勢ですが、このところの世界の動きからすると、将来はどうなるかわかりませんよ。

呉 環境問題、肥満問題、健康志向が一つにつながっていて、ヘルシー食というものに世界的な関心が、とくに先進国では高いんですね。そこで最も注目されているのが日本食。ヘルシーでしかも安全だということで、世界的に大変な日本食ブームになっています。

その代表的なものが寿司ですね。オーストラリアあたりでは、お昼になると寿司の屋台の前に、現地の人たちがズラッと並ぶんだそうです。

昨年、ギリシャのアテネに行ったんですが、現地の食べ物に少々飽きてきて、なんとしても御飯が食べたくなってきたんです。それで、日本料理か韓国料理の店はないかと探し歩いていたところ、韓国料理の店が見つかりました。それで入ってみると、韓国食だけではなくて日本食を一緒にやっているんです。やっているのは韓国人でした。黄さんがいわれたスウェーデンのケースの韓国版ですね。

それで店内を見回してみると、お客さんはみんな日本食を食べているんです。それも全員が寿司なんです。それで私も寿司を注文したんですが、そのマズいこと（笑）。御飯はべちゃっとしすぎていて、魚は水分が抜けている。とても寿司とはいえないものです。

それで店のご主人に、なぜ韓国料理屋で寿司をやっているのかと聞いたら、やはり儲かるからというんです。売れるのは寿司ばかりだそうですが、そこのお客さんの中心は観光客ではなく現地の人なんです。アテネの人たちは、これが日本の寿司だと思って食べているんだなあと思うと、何かうら哀しい気持ちになってしまいました（笑）。

韓国料理は、唐辛子過多なところが健康には問題があるかもしれませんね。それでも、野菜料理が中心ですから、ヘルシー志向の日本人の間ではかなり人気が高いんです。韓国の食堂で定食を頼めば、野菜が盛りだくさんに出てきます。また唐辛子は痩《や》せるのにいい、韓国式マッサージもあると。そういうことで、ダイエットを目的に韓国旅行をする日本人女性が増えているといいますね。

石　日本料理は普及の面で、中華料理にどうしても負ける点が一つあるんです。日本料理は素材の新鮮さ、とくに海の幸を大事にしますから、この確保と管理、そこで普及には大きな限界を抱えているわけです。

たとえば、中央アジアです。あんな砂漠のなかで日本料理を普及させるのは、恐ろしく困難なことですね。たとえ普及しても、あんな砂漠で、どこで獲ったかわからない魚なんて、私は食べる気になれないですね。

それに比べると、中華料理は生命力がありますよ。生命力があるものは、けっして上品なものじゃないんですね。現地のどんなものでも素材にできますし、それを炒めれば中華料理になってしまう。そこが強みですから、普及の面では日本料理はどうしたって中華料理に負けてしまいます。

呉 なるほど、たしかにそうでしょうね。

それにしても、なぜ刺身が中国で普及するようになったんでしょうか。二十数年前のことですが、留学生仲間で温泉に行ったことがあるんですが、当然ながらそこの温泉宿では、夕食に刺身が出てくるわけです。私は先にもいいましたように、故郷でもよく食べていましたから大喜びです。しかし、中国人留学生も韓国人留学生も、出された刺身をじっと見つめながら、「これは人間が食べる物じゃない」というんです（笑）。それでも中国人留学生は、ひと切れつまんで口に入れたんです。それで少しだけ噛んでから、まるで味がない、どんなものでも火を通すことで美味しさが出るものでしょうといって、その刺身を鍋の中に入れるんです（笑）。生の魚を食べるなんて、日本人は野蛮だなあといっていました。

それが今では中国でも刺身の人気は高いんでしょう？

石　一般にはそうでもなくて、よく食べるのは上海の裕福な層の人たちですね。ただ食べ方が違って、先にもいいましたが、あっちではマグロを皿に山盛りにしてガンガン食べるんです。この食べ方で中国に本格的に刺身が普及したら、マグロなんて日本ではとても食べられなくなっちゃうかもしれません。北京のほうに持っていかれるようになったら困りますよね。

これからの食文化はグローバル化かエスニック化か

黄　食文化には、大きく二つの傾向があるんじゃないかと思うんです。一つはアメリカのコーラ的なものやケンタッキーフライドチキンとかマクドナルドハンバーガーのようなもの。これはどこの地域にも広がっていくでしょう。今ではヨーロッパの田舎にまであるんですからね。そういうグローバルなアメリカのインスタント食、歩きながら食べられるようなファストフード。これが一つで、もう一つがエスニック食ですね。各地のエスニック食ブームというのも、かなりの広がりが出てきていますね。

エスニックな食文化ということでは、日本人よりも中国人のほうが食文化を大事にすると思うんです。日本人も最近では食文化に目を向けるようになりましたが、日本では昔から衣食住というでしょう。でも中国では食衣住なんですね。日本人は今でも食よりも衣への関心のほうが強いし、中国人は依然として食であって衣は二の次、三の次ですね。

日本にも台湾にも地方の郷土料理が残ってはいますが、地方料理もかなり国際化されてきています。台湾でも今では、インド料理やイスラム料理まであるようになっています。台湾だけではなくて、世界的にそういう傾向があるようです。アメリカ的なグローバル食に圧されるだけではなく、エスニック料理が他のエスニック料理に圧されていく。そういう現象もあるわけです。

呉 どちらかになるのではなく、両方とも発展していくと思います。味ではなくて、都会的な軽快さ、簡易さ、便利さというのが、食のグローバリズムのキーポイントですから、これは市場経済の広がり、労働形態の近代化が進むと共に広がっていきますね。

一方のエスニック料理、これも経済のグローバリズムの広がりが、外国の歴史・文化・風土への興味を高めていきますし、同時にローカリズム志向を強めてもいきますから、やはり世界的な広がりを生み出していくと思います。また、エスニック料理は日常食として成立したものですから、基本的には健康食といえるものが多いんですね。

石 ハンバーガーなどがどんどん流行っていくと、必ず飽きたところから各地の原点に戻ろうとする動きが起きていきます。でも、各地のエスニック料理が国際化していくというのはいささか疑問ですし、あまり感心もしません。

たとえば私は、日本料理が大好きですが、その国際化にはあまり興味がないんです。日本料理は洗練された、工夫を凝らした日本の文化ですから、悠然と日本にあっていて欲しい。先ほどの呉さんの話のように、外国人が作るまずい日本食が広がる可能性だって高いわけです。ただ、マクドナルドには絶対負けて欲しくありません。

朝食か夕食か

黄　私はお茶漬けが好きなんですよ。なぜかというと、簡単だから。冷たい御飯だって、熱いお湯をかけるだけですぐに食べられますからね。コンビニで出来合いのものを買って食うのが簡単だといいますが、お茶漬けがあれば行くこともいらない。

お茶漬けなんて、インド人とか中国人から見れば、まあ食べ物じゃないという印象が強いでしょうね。たしかに、最初からお茶漬けではちょっと淋しいですけれどね。

呉　日本に来てお茶漬けを知ったときにはびっくりしました。こんな味も素っ気もないものを、どういうわけで美味しいといって食べるのかって。韓国人からすれば、あれはお粥《かゆ》でもないし、御飯でもない。それなのに日本人のなかには、食道楽の最後に行き着くのはお茶漬けだなんていう人までいるんですね。

そういう私も、奈良漬けの刻んだものとか、イカの塩辛なんか買ってきて、今日はお茶漬けにしようとやっていますからね。韓国にはクッパという、スープに御飯を入れて食べる料理がありますが、ちょっと前の日本人には抵抗を感じるという人が多かったですね。このクッパがあったもので、お湯を入れてというのは、どうにもわかりませんでした。韓国人は、何もかにもぐちゃぐちゃに混ぜて食べるのが好きなんですね。

石　中国でも混ぜて食べるのが好きですね。そういう私も、お茶漬けはかなり好きなんです。魚の身をほぐして入れたお茶漬け、あれはいいですねえ。また、味噌汁ほど単純でいいものはないです。ヨーロッパへ行って日本へ帰ってきたときには、味噌汁を飲んで心からほっとしました。

先ほどの日本食のグローバル化の話ですが、箸の使い方を自分の息子たちに教えることができないような親が出てきていますよね。箸使いは日本食の基本なのに、大人になっても身に付いてないなんて、ちょっと考えられないことです。

また、今の若い人たちは、何にでもマヨネーズをかけたがるでしょう。そうするとコンビニではマヨネーズが入ったお握りを売ったりする。そんなことをしていると、伝統の味も何もなくなってしまいますよ。

呉　たしかにそういう現象がありますが、一方では和食志向の若い人たちもずいぶん多くなっていますね。四〇代、五〇代の人には朝はパン食が多いようですが、学生たちと合宿へ行きますとね、朝食を和食か洋食かで選べる場合、まず洋食は私だけなんですね。学生たちは、日本人なのだからやっぱり御飯ですよっていうんです。

大人の日本人ぶろうとか、格好つけてるのかなって思ったんですけど、そうではなく御飯がいいんです、御飯と味噌汁に漬け物があれば、もうそれで十分なんですって、そういう学生が多いので、へえーと思いました。

日本では朝食は簡単にすますという感じですが、韓国では朝食に一番力を入れるんです。日本なら夕食ですよね。フランスでは昼食だそうですが。

それでいろいろ調べてみますと、日本でもずっと昔の農村では、朝にたくさん食べたんですね。朝早く起きて一仕事してから朝御飯を食べる。それで昼食は抜きで夕食という、一日二食が古い伝統だということです。

ですから、朝食に力を入れるのは、どうも農耕民族の伝統のようなんですね。日本ではそれがもうすたれて、ビジネス社会に合わせて朝は簡単に、というように変わっていったんだと思います。韓国でも最近はかなりそうなってきています。

韓国では、結婚式などの祝い事で食べるのも、だいたいは朝なんです。祭事には朝に豪華に食べるという伝統があります。日本人が韓国人の家に招かれますとね、朝からものすごい量の食事が出てくるわけです。とくにお客様ですから、キムチ鍋やら焼き肉やらが朝から出てくるんですが、日本人は朝っぱらからとても食べられないと、ものすごく重たく感じるみたいですね。中国ではどうなんでしょうか。

黄 中華圏でも日本のように夕食ですね。

食べる量でいうと、日本人は世界でも一番量の少ない民族じゃないかな。たとえば西洋では、私ですらお子様ランチも食べきれない（笑）ほど出てきますね。どこへ行っても、日本の一般的なレストランの二倍くらいはありますよ。

中国人もたくさん食べる。台湾に中国の観光客が入ってくると、台湾人の二、三倍は食べるんです。中国とのピンポン外交のときに聞いた話ですが、日本人は選手でも食べる御飯はだいたい一杯か二杯なのに、中国の選手は洗面器に一杯くらいの御飯を食べるというんです。一般の日本人の五倍くらいですが、なかには一〇倍くらい食べる者もいるというんで、本当に驚きました。腸の構造が違うのかどうかわかりませんが、日本には腹八分という言葉もあるように、腹いっぱい食べるのははしたない、という考えもあるんですね。

呉 腹八分がいいというのは、日本人だけのことでしょうね。韓国ではとにかく腹いっぱい食べるのが幸せなんです。日本人には腹八分が一番気持ちのいい状態なんでしょう。腹八分の状態だと頭の働きもいいし、気分もいい、和歌を詠んだり抽象的な思考に頭を働かすこともできる。そういう余裕、これは文化ですね。これ以上はもう入らないといった腹いっぱいの状態では、もう何もしたくなくなりますから、文化なんて生まれませんね。

中国でも腹いっぱいでしょう?

石　もちろんそうです。中国五〇〇〇年の理想は腹いっぱい食うことでしたから。戦後の日本は飽食の時代になってしまった、これはよくないという考え方は、まったく日本的な考え方ですよ。中国人は飽食の時代を何千年も待ち望んできて、今やっと飽食の時代を迎えて幸せをかみしめているんです。

第四章
夢

なぜか儒教国家の若者だけがでっかい夢ばかりを育てる

黄　我々儒教国家の若者の夢の育て方は、日本とは大きく違うんですね。儒教国家の伝統の一つは、もつ夢がやたらにでかいことです。でっかい夢ばかりを語りたがるんです。呉さんが韓国でもそうだと書かれていましたので、中国や台湾に限らず、韓国もやはりそうなんだなと思いました。小さい頃から、学校でも家でも、世界的な偉人になるんだとか、大統領になるんだとか、そういうスケールの大きな夢を育てなくてはならないと、盛んにいわれました。学校の作文なんかには、みんなだいたいそういう馬鹿でかい夢を書いているんですね。ところが実際には、年々夢は萎《しぼ》んでいくばかりで、高校を出た頃にはだいたい消えてしまうんです。現実とあまりにも隔たりが大き過ぎますからね。

日本ではどうかというと、私の倅《せがれ》や娘を見ていると、小学校時代から夢が小さい。なぜもっと大きい夢を育てないのかと思うほど、台湾とは逆方向なんですよ。それで、これも逆なんですが、成長するとともに夢が段々大きくなっていくんです。なるほど、日本ではそういう夢の育て方をするのか、社会的風土が違うんだなと思いました。呉さんも、儒教文化圏と日本では、子供の夢の育て方が違うということを書かれていましたね。

呉　育てるというよりも、生まれ落ちて自分に気づいたときには、もう夢に限らず、大きなことを語るのが当たり前になっているんです。大人が喜ぶ顔を子供は見ていますからね。私は島を超え、半島を超え、世界に羽ばたくんだと、幼い頃にはもうそんなイメージで自分の将来を思っていました。

学校の先生はよく我々生徒に夢を語らせました。とくに「大きな夢を」とはいわなくても、夢といえば大きなものに決まっているわけです。小学生時代ですと男子ならば、大統領になるんだとか、偉大な学者になるんだとか、世界的な発明家になるんだとか、政治家や学者になりたいという生徒が多かったと思います。儒学を修めた文人官僚が国政を担う儒教国家の伝統のある韓国では、これは模範解答なんですね。

小中学生の頃、私もそうでしたが、エジソンとかキューリー夫人とか、リンカーンとかナポレオンとか、世界的な偉人・英雄の伝記類を盛んに読んだものです。私はその頃、世界のファースト・レディを紹介する本を読んだことを覚えています。

日本に来て間もない頃、興味がありましたので「どんな夢をもっているか」と知り合った日本人に聞いてみたことが何回かありました。学生の場合は「さあー」とか「うーん」とか、「夢ねえ」とか「とくにないかな」とか答える人が多くて驚きました。

アルバイト先の会社でも、「社長になりたい」という人は一人もいません。唖然としました。

それでは何のために働いているのかと聞くと、「食べるためですよ」とか「仕事が面白いから」とかいうんです。

韓国人ならば、自分で経営する会社をもって、多くの人を雇って、たくさんお金を儲けたい、会社をどんどん大きくしていって、ビル・ゲイツくらいの大金持ちになりたい、というのが平均的な答えですね。ですから、この日本人たちはいったい何を考えているのかと(笑)、最初は見当もつきませんでした。

韓国人の場合、いくら大風呂敷を広げた夢を語っていても、実際には夢はどんどん萎んでしまっていて、ほとんど現実性がないと自覚はしてるんです。それでもなお大きな夢を語ろうとする。なぜかというと、自分はそれほどスケールの大きな考えとか気持ちとかをもっている人間なんだとアピールしたいからなんです。とくに男が小さなことをいおうものなら、女性にも相手にされないし、なんて小者かと馬鹿にされますから。そういうことがあるわけです。ですから、日本人からすれば誇大妄想みたいに見えてくるでしょうね。

石 それが儒教文化だということに尽きますね。大きな夢の背景にあるのは多分、儒教書の『大学』で説いている「修身、斉家《せいか》、治国、平天下《へいてんか》」という考えなんですね。まず自分の身を修める。次に家を整える。しかしそれだけでは満足しない。だから国を治める。しかし国を治めるだけでも満足しない。だから天下を平らげる。

つまり、自分一人の個人的な教養を押し詰めていけば一直線に平天下につながっていく、という考えです。でも、結果的に国を治める、天下を平らげるところまで行く人は、まあ中国でいえば十億分の一になっちゃうわけです。

呉 今お話を聞いていて、以前、日本の大学を出て上海の日系企業で働く中国人男性がいっていた言葉を思い出しました。石さんと同じ、少年期に文革を体験した人ですが、その人はこういったんです。「戦後の日本人はなぜ豊かになったのか、眼前の小さな現実に意識を集中したからだ。戦後の中国人はなぜ貧乏になったのか、スケールの大きな夢へと思いを馳《は》せたからだ」。スケールの大きな夢というのは革命なんですね。

なるほど、と思いました。その中国人は、日本人は小さなことをコツコツ積み上げていけば、必ず立派なものになると信じているとかいいますので、日本人のことをよくわかっているなと感じられたんですね。それで、あなたもそうして働いていこうとしているんですか、と聞いてみたんです。すると、「いや、自分の会社をもって、そういう中国人の部下を育てていきたい、そうすれば必ず成功する、さらに会社を大きくしていくこともできる」っていうんですね。これにもなるほど（笑）と思いました。

石 私の場合は八〇年代に大きな夢をもちました。御飯もろくに食べられなかったのに、民主化で中国を変えようと考えた。でも天安門事件（一九八九）で夢が潰れてしまいました。

あんな夢をもったのは、私たちが最後の世代ですね。

今の中国の若い人たちには天下国家の夢はなくて、大きな会社を作るとか、ものすごい大金持ちになりたいといったことが夢なんですね。日本の若者たちはどうかといえば、ちょっとした店を持ちたいとか、美容師になりたいとか、実に具体的で生活的です。私はそれが本当の夢だと思うんです。

この現実のなかで、ささやかな一人の人間としての自分を生かして、何かの仕事を通して人の役に立ちたいという、それが多くの日本人がもつ夢でしょう。スマップが歌う「世界でひとつだけの花」じゃないですが、私はそういうのが人間的な夢だと思います。中国人が語る夢は基本的に野心的な夢であって、私はあんまり好きじゃない。でも自分たちにも、天安門事件以前にはそういう夢があったんです。

この前、日本の小さな女の子に夢を聞いてみたら、「美味しいケーキ屋さんになりたい」っていうんですね。その子に、いやあ、いいなあ、すごくいいなあっていいました。その子の心がそこに出ているんです。美味しいケーキ屋さんを目指して、二〇年がんばり、三〇年がんばり、それでもまだまだ夢は続く。そうやって、ずっと美味しいケーキを作っていけるんです。こういうことが、日本文化の強さにつながっていくんですね。

黄　お二人の話にはとても興味深いものがあります。日本人の夢にはあまり政治は登場しませんが、儒教国家の教育によって作られた夢には必ずといってよいほど政治が登場するんですね。ただ、紅衛兵の時代の夢ですが、あの時代には社会主義的人間像というものがあったはずですね。また民主化の夢にも、儒教的なものとは別の人間像があったと思いますが。

石 夢ということでは、社会主義の紅衛兵の夢と、私たち民主化の世代が語る夢と、本質は一緒です。政治の方法は反対ですが、本質は同じです。ようするに、天下国家の問題を力でやろう、行動に現していこうということでは同じなんです。

しかし、紅衛兵は毛沢東に騙《だま》されて、私たちは鄧小平に騙された。すべてが無駄だったんです。それで、今の若者にとっては天下国家はどうでもよくなり、逆にアメリカ型の資本主義的な発展が夢になったんです。

今の日本にはユース・ビー・アンビシャスがない

黄 明治維新を前後する時代の日本には、国家民族の建設という大きな夢があったはずなんですね。札幌農学校でクラーク（一八二六～八六）が「少年よ大志を抱け」といったように、アメリカの開拓時代のような野心をもつべきだという時代が、日本にあったわけです。

最近テレビを見てショックを受けたんですが、夜中の一二時頃に渋谷かどこかの街で、おまわりさんが補導した中学生に「早く帰りなさい、お母さんが心配するだろう」というと、その中学生はぼんやりした顔でポツンと「生きててもしようがないんだ」っていうんです。いきなりそういうので、とても驚きました。たしかに、多くの若者に生きがいがないんですね。

ずっと疑問に思っていることは、日本の戦後教育では子供たちに、生きがいについてどう教えてきたのかということです。いくら考えても、そこのところが日本でははっきりしていないと思うんです。韓国と中国はどうでしょうね。次の世代の子供たちに生きがいとか、最低限こういう生き方をしなさいとか、どんなふうに教えているんでしょうか?

私自身も高校生の頃までは、夢とか志とか、とくにはっきりしたものはなかったんです。夢をもつようになったのは日本で大学に入ってからですが、我々の世代には二種類のタイプがあると思うんです。

一つは無我のタイプです。「我」がほとんどなくて「我々」しか考えていない。そういう人が実際にいるんですね。そういう人の生活態度を見ると、もうちょっと自分のことも考えろといいたくなります。もう一つは唯我のタイプです。「我々」なんてまるでなくて「我」しか考えていない。何でもかんでも、俺、俺、俺で、もっとみんなのことも考えたらどうかといいたくなる人。そういう人も、実際にいますよ。

私はどうかというと、段々と無我夢中になっていって、自分のことを考える余裕がなくなっていくんです。それで結局のところ、一個人の夢ではなくなっていって、一つの国家や民族はどういう夢をもつべきかと考えるようになっていくんです。物事を哲学的に、普遍的に考えていって、自分個人のことはどうでもいいというようなところへ行ってしまう。それで友だちからは、お前のような生き方は馬鹿だとよくいわれるんです。極端にいえば、そういう二種類のタイプの人間の夢があると思うんですが、どうでしょうか。

呉　とても興味深いですね。私の場合は、公か私かではなく、夢というのは公私が一緒になるところで描くものと考えていました。それは、私が夢というものを自覚的に考えたのが、ちょうど朴正熙政権の時代にあたっていたからだと思うんです。今から思うとあの時代の韓国は、近代国民国家建設の草創期だったと思います。日本の明治維新以降と同じような、富国強兵、農村改革、産業化が推進され、明治日本と同じように上からの近代化が強力に展開されていったのが、朴正熙政権の時代でした。

あの時代には多くの人たちが、自分自身の立身出世にはげめば、それがそのままお国のためになるというイメージをもっていたと思います。たとえば、ある個人が看護師なら看護師になろうと努力していくことが、国家の近代的な医療システムの形成となっていく、あるいはお金儲けが富国になっていく、そういうイメージですね。自分のがんばりがお国のがんばりになるというように、公私が自ずと一致していくようなイメージが、七〇年代まではたしかにあったと感じます。八〇年代以降、急速に「私」の夢が「公」からはずれていったと思います。

お国のためにもなるし、自分のためにもなる、そういう仕事をしていこうと、高校生の頃から考えるようになりました。それで、韓国人ですから大きな夢をもつことになります。草花が好きでしたが、お花屋さんになろうとかは思いません。ただ問題は、私が女だということです。当時の韓国は、女が社会に出ることすらおそろしく困難な時代でした。

ですから、女の場合は夢なんかもてるわけがないと諦《あきら》めることになります。でも私は、諦めたくなかったんです。それでどう考えたかといいますと、権力がすべての時代でしたから、権力のある人物と結婚してファーストレディになろうと(笑)いう野望をもったわけです。ファーストレディになって世界を飛び回ろうと、少女の頭でそう考えたんですね。

しかし、別にいいところの出でもないので、早々に挫折するんですね。それで、韓国にいたら夢も何もない、ヨーロッパに行こう、アメリカに行こうと、いろいろ策略を巡らせたんですがうまくいかず、最終的に日本に来たわけです。

石 みんながみんな天下国家を語るのも異常ですが、みんながみんなうどん屋さんやケーキ屋さんになりたいといえば、社会が存立し得ませんね。それで私は、エリート教育が是非ともなされなくてはならないと思うんです。健全な社会の大きな条件の一つが、しっかりしたエリートの存在だと思います。

エリートというのは、選りすぐられた少数者です。日本ならば一〇万人くらいいればいいでしょうか。たとえば、政治家になりたい、官僚になりたいという人は、最初から天下国家を担っていく使命感をもたなければなりません。金儲けをしたい人が政治家や公務員になってもらっては困るんです。天下国家を担う使命感をもったエリート層が十分にあれば、天下国家の仕事をする優秀な人材はいつでも確保することができます。

一方にそういう形があって、もう一方では、多くの人たちがどんどんうどん屋さんやケーキ屋さんの夢に向かって生きていく、これが健全な社会のあり方ではないかと思います。

かつての儒教社会は政治中心の社会で、天下国家に偏り過ぎていました。今の日本社会は、政治的な無関心のほうへ偏り過ぎて、大きな夢をもつ人が少なくなっている。官僚や政治家が堕落するのは、彼ら自身が大きな夢をもっていないからです。そういう者たちにいつまでも政治を任せているわけにはいかないんです。

この道一筋何十年という日本人の夢

黄　儒教国家あるいは儒教文化の影響を受けた人間の夢が馬鹿でかいのは、何事も天下国家中心に考えるからです。文化も経済も芸術もスポーツも、すべてを政治に還元して考える。それで、何もかも大きければいい、いや大きいほどいいということになってくる。そういうことなんですね。それに、我々儒教国家の伝統をひきずっている者は、でっかい夢を描いておいて、意外と簡単に放棄してしまうでしょう。自分がそうなんですよ。私は最初は学者になりたかったんですが、環境が悪すぎるとか、いつまで貧乏生活が続くのかとか、こんな状態なら自分はできないと、学者の夢を投げ捨てちゃったんですね。

それに対して、日本人のクラスメートや知り合いは、ずっとしぶといんですよ。我々ならば、まあこのへんで捨てると思える状態になっても、しつこくがんばるんですね。プロ野球選手になりたいとなると、いかなる環境でも耐えていく。学者になりたいといったら、五年でも一〇年でも貧乏生活に耐えていく。日本人というのは、我々よりもはるかにしつこいし、我慢強いと思います。

なぜそうなんでしょうね。日本社会は分業、分担、協力の社会だから、全体のなかでの自分の役割はこうなんだと、確信できるんじゃないでしょうか。だからがんばれるのかな、と思うんですが。

呉　そうだと思います。農民生活の共同体の伝統を考えるだけでも、そういえるでしょうね。その一方で、農耕以外の仕事、とくに職人さんたちの文化の伝統も、一般の庶民に同じような影響を大きくおよぼしてきたと思います。

伝統技術の職人さんたちを何人か取材したことがありますが、技術の習得についてはみなさん、ほぼ同じことをいわれるんです。その典型は「そこそこの技術なら三年、五年で身につく、遅い人でも一〇年やれば一人前になれる」といったいい方です。とくに才能があるわけでなくても、真面目に修業を続けていきさえすれば、誰でも一人前になれるということを、みなさんいわれていました。どの方も超一流の職人さんですけれど。

何についても、こういう考えをするのが日本人の大きな特徴の一つだと思います。先ほどもいいました「コツコツやっていけば……そういう努力を積み重ねていけば……」ということが何事についても信じられているんですね。

ですから多くの場合、夢といえば具体的な仕事になり、社長だとか、大金持ちだとか、大統領だとかということにはなりませんね。そういう「大きな夢」みたいなのは、何か一つの仕事をやっていった結果、なることがあるかもしれないし、なることはないかもしれない、そういう問題に過ぎないわけです。

美味しいうどんを作り続けていって、いつか大当たりして支店を増やし、大金持ちになってやろうと、そういう夢を描くことはあるかもしれません。でも、大金持ちになれそうもないからとそれまでの仕事を放棄することがないとすれば、一つのことをコツコツやっていって、それなりに食べていけることを幸せと感じるからでしょう。

東京・新宿のゴールデン街のような酒場街が、日本にはよくありますよね。私もそういう、長らく女性一人でやっている店を何軒か知っています。お客さんが一〇人も入ればいっぱいになってしまうような店ですね。韓国人だったらまず、なんとかこういう状態から脱して、もっといい場所に大きな店をもちたいと思っています。でも日本では、そういう店のママはきまって、大きくしたいとは思わない、長く続けていければいいというんです。

日本人はたいていの人が、この道一筋何十年ということに感動しますね。企業の経営者にしてもそうなんです。たくさんの社員を取り仕切って、大きな会社を運営して行くには、とても一つのことを何十年やればできるというものではなく、極めて総合的でマルチな知識も体験も必要なわけです。

それでも、自動車製造会社の重役が車作り一筋でやってきましたとか、自動車販売会社の重役が車販売一筋でやってきましたとかいうんですね。分業して、分担して、協力してみんなで車作りなら車作りをやってきたと、自分もその一員で、自分なりの役割を果たしているんだと、そういう意識が強烈にあります。日本人にいわせれば、当たり前のことじゃないかとなるわけですが、韓国ではそうではありません。韓国では、この道一筋というのは仕方なくそうやって雇われている社員の話であって、そういう社員を統括して動かす、総合力のある経営責任者、ゼネラリストこそが夢に値する存在なんです。

儒教が説く人間も、プロフェッショナルではなくゼネラリストですね。そういうことからいっても、日本には儒教的な人間観、価値観が浸透していないと思います。

黄 日本は神代の時代から神様たちが分業をしているんですね。最高の神様とされる天照大神も、マルチなゼネラリストではなくて、機織《はたお》りを専門にしている。それぞれ分業しながら、同じ一つのパンテオンのなかで共同に暮らしている。

それに対して一神教の神様は、万能だから何でもできる、だからゼネラリストですね。儒教社会の場合は、あらゆる徳を身につけた文人官僚がゼネラリストとして俗世間を支配するという考えです。この文人官僚が一番偉いわけです。日本ではそうではなく、一番偉い神様からして共同作業をやっている。つまり、相互依存でやっていく古くからの文化が、日本の伝統の中心にあるんですね。

石 まったくそうですね。そういう意味で、日本の江戸時代のシステムはすごくいいものだと思います。もちろん、そのまま現代に復元することはできませんが、武士には武士の使命・責任・役割があり、それが道となっている。職人にも同じように職人の役割がある。商人にも商人の役割がある。農民は人々の食糧を作る大切な役割を担っている。そういう考え、価値観が基本にあって、江戸時代の社会が形作られていたと思います。

江戸時代は身分制社会といわれますが、それよりもきわめてすぐれた役割分担社会だったともいえるわけです。そういう目で見たほうがいいんじゃないかと思います。

武士は普段はお城務めに精を出しているだけですが、いざとなったときには武士が先頭に立って、町人や農民を組織して、それぞれの役割に基づいて必要な仕事を分担させていく。災害や飢饉のときもそうですね。だから明治維新をやり遂げることもできました。

自分の役割とは何か、というところでその役割を磨きに磨いていく。そこに個性が出る。日本人には個性がないといいますが、とんでもありません。先ほどのラーメンの味にしても、一軒一軒みんな違うというのは、いかにそれぞれが自分の個性に従って作っているか、自分の個性をどれだけ発揮しているかを物語っています。

天下国家の夢なき日本

黄　戦前の日本人は、一般の人たちでも天下国家の意識をもっていました。日清・日露の戦争の時代から大東亜戦争終戦に至るまで、誰にも非国民といわれたくない意識があったんです。戦争に反対する人にも賛成する人にもそれがありました。俺は我が国のそういうやり方はよくないと思う、しかしこれは国家のため、国民のためを思っていっていることだと、そういう意識が誰にもあったんですね。

そういう意識は戦後になくなったといいますが、そうではありません。世界革命だとか人類の解放だとか、でかい夢をもって天下国家を語ることはしばらく続いたんです。六〇年代、私の学生時代のクラスメートたちもすごかったですよ。学校はいつも騒々しくて、毎日校庭でゲバ棒を持ってデモの訓練をやっているんです。

あの時代の学生たちも、個人のことはあまり考えていなかったですね。学生運動で活躍している連中は、みんな天下国家の夢をでかく語っていました。

そういう天下国家の意識は、七〇年代に入ってからだんだん萎んでいきました。それで今の日本人を見ると、あの頃のことが嘘みたいに右も左もパワーがなくなっている。非常に消極的で、国家のことなんて考えてもいない。

右的な意味でも、左的な意味でも、「日本は普通の国になることがいい」という夢もあったと思いますが、今では大部分の人が放棄してしまっている。アメリカとか中国とか、大国の圧力の下ではそんなことといってもダメだと、ものすごく消極的になってしまった。何か原因があると思うんですね。

呉 前にもいいましたが、私はそれを敗戦後遺症といっているんです。国民国家としての理念を堂々と掲げ、国民国家としていうべきことを堂々と主張し、諸国と対等に渡り合っていくという当たり前のことに対する、根本的な気後れのような意識が、戦後ずっと続いているると思います。

あえて言挙《ことあ》げしないとか、自己を押し通そうとしないとか、相手を傷つけないとか、そういう調和的な文化は、諸外国と距離をおいた島国としてやっていた時代はよかった。しかし、西洋列強がアジアに侵出してきた時代から、そういう調和的なことをいっていては負けてしまう、支配されてしまうということになってくる。そこで、他の国と同じように、日本もそれなりに強固な国家主義・民族主義をもってやってきたわけです。

その結果の敗戦ですから、これからは国家・民族を盛り立てて世界と向き合うことは控えよう、日本には昔ながらの調和主義があるのだから、これに拠って外国ともなんとかうまくやっていこうと、そう考えるようになったと思います。戦勝国や旧植民地国も、そういうおとなしい日本を強く求めたわけです。これがやがて固定化して、今なお続いているわけです。

天下国家を語るとろくなことにならないという反省のようなものがあるんでしょうが、アメリカの巨大な軍事力や巨大な市場を背景に、語らなくてもすむというか、語らなくてもやっていける条件が生まれたことも、もちろん大きいんですね。

でも、強固な国家主義・民族主義はいらないまでも、自立した国民国家としての体をなさない状態にまで落ち込んでしまっている今の状態からは、なんとしても脱出していかなくてはなりませんよね。実際、そこに期待している国は多いんです。世界の流れは大きく変わりつつあると思います。

石 戦後日本は、アメリカとソ連の冷戦構造のなかでなんとなくやってきたんですね。国家意識をもたなくても、天下国家を考えなくても、アメリカについていけばなんとなくやっていけた。でも、これからはそれでは絶対にやっていけません。日本を取り囲む国際状況からいえば、とくに中国の覇権主義の膨張を見れば、このままではやっていけません。このままやっていったら、日本はあと三〇年で確実に滅びると私は考えています。

第一には、国家の利益に基本的に立脚した外交を積極的に展開することです。これができないわけはないんですよ。国際社会で生き延びるために、日本人はもう一度天下国家に対する使命感を、少なくともエリートのなかでそれを取り戻さなければならないと思います。まず政治家・官僚から変われ、ですね。

求められている精神的な豊かさの夢

黄 もちろん、政治外交なんかのところで大きな夢をもつことは必要です。でも、地球人口は今七〇億近くあるわけですが、七〇億の人々にそれぞれの夢があっていいと思うんですよ。夫婦で違う夢でも構わない。同床異夢（笑）でもいい。それで、夢は個々には違うけれど、共通性をもった夢というのがあると思うんです。

人類共通の夢がないと世界はダメになりますよ。現実から見たら、中国の夢と日本の夢は違う、台湾の夢と中国の夢も違う。ですから、同じ夢を抱こうというのは実際には難しいんですが、やはりなんとか生み出していかなくてはならない。そうでないと、これからの世界はうまくいかないと思います。

石　全人類に共通の夢ですか？　それは夢のまた夢でしょう。それぞれ夢は違うけれど、いろいろな知恵を出し合って共存していく、助け合っていくというのならわかります。人類共通の夢なんかあり得ないでしょう。たとえば、中国人の夢は日本がこの地球から消えてほしいことだ（笑）といったら、日本はいったいどうするんですか。そういうことを現実にどうするかが問題なんです。お前の夢はよくないから消せ、もっと共通な夢をもてというのは、とうてい無理な話だと思います。

呉　私もそう思います。全世界が貧乏だった時代には、たぶん人類の夢は共通だったと思います。現在でいえば、多くの発展途上国にとっては、なんとかして豊かな社会を作りあげたい、美味しいものを食べていい生活をしたい、というのが、本当に実現したい大きな夢なわけです。中国はもちろん、韓国でもいまだそこに夢があるわけですよ。

日本にもそれが大きな夢だった時代があって、その時代にはとても活気があったと思います。でも、今の日本は物質的な豊かさを達成してしまって、物質的な渇望というものがなくなっています。そこで、今の日本が求める夢というのは、精神的な豊かさになっているんですね。物質的な豊かさというものが、人類のすべてに行き渡ることが果たしてあり得るでしょうか。それを理想としても、できることなのかどうか、できるにしてもいつのことなのか、誰にもわかりません。しかし、精神的な豊かさというのは、まったく別に考えられるものだと思います。

日本は発展途上国に対して、物質的な面での支援をしていく義務があります。しかし日本の役割はさらに、国内的にも国際的にも、精神的な豊かさを作り出していくこと、精神を豊かにしてくれる夢を生み出していくことにもあると思います。

石 まったく同感です。日本の文化的な伝統はそこで大きな力を発揮すると思います。精神の豊かさを生み出していく社会のあり方とか文化とか、そういうモデルを新しく作り出していく、それこそ夢ですよ。

そもそも東洋の文化の伝統は、精神的な豊かさ、精神の自由を探究していくところにあったと思います。そういう東洋の文化的な伝統は、日本のなかに最もよく生き残っていて、しかも独自に発展してきたんです。日本は今、東洋の精神的な豊かさの伝統を、物質的な豊かさの上に生かしていく時代に入っていると思います。かつてより、もう一つ高い次元で形成していく時代ですね。昔の清貧という考えには、多少痩せ我慢がありました。でも、日本はもう豊かになっているのですから、痩せ我慢をする必要がない。もっと余裕をもって、精神的な豊かさを追求していくことができるんです。

呉　本当にそうですね。物質的な豊かさというものが、精神的な豊かさをも約束するというのは大きな錯覚です。その逆も十分あり得るわけで、実際には多くの文明がそうなっているんじゃないですか。韓国もそのなかの一つだと思いますが。

黄　私の場合は、大学に入ってしばらくたってから夢が出てきて、もう少し研究したいとなって、どういうところに就職したいとか、どういう研究がしたいとか、どの大学で教えたいとか考えていったわけです。そういう、その人その人の夢があると思うんです。

これを達成した後に、どういう夢があるかというと、世界的に有名な学者になりたいとか、ノーベル賞をもらいたいとかになってくる。それで、そういう夢も実現すると、その後はどうなるか。そうなると、もう夢がなくなってしまう、生きがいがなくなってしまう、ということがあるわけです。そうなっていくことを、私はかなり心配しているんですね。

呉　この道一筋何十年という人生観だと、そうはならないじゃないですか。日本の場合は物質的な飢えはなくなりましたが、それと引き替えに、精神的な飢えがかなり進んでしまったと思います。今の夢はこの飢えから豊かさを求める方向で、実際に出てきていると思います。国内的、国際的な日本ブームの背景にあるのがこれだと思います。

黄 夢というのは、一つの理想を実現したいという願いから出てくるものですね。私は個人的にはそんなにたいした夢はなかったんですが、このくらいの年齢になると、あと何年生きられるかということを考えるようになるんです。そうすると、やっぱり自分はこれをやるべきなんだ、残りの人生でこれをやらなくちゃならないと、そういう使命感みたいなものをあらためて感じていくんです。

しかし、自分一人の力でできるかといえばできないわけです。そこで、多くの人たちと共通の夢を求めながら、みんなで一緒にやりましょうという気持ちが自然に出てくる。それが人情だと思うんです。そういうことでは、私はまだまだ夢がいっぱいあるんです。

私は実のところ、弘法大師・空海（七七四〜八三五）を一つの理想的人間像として、一人の人間がある分野をすべてクリアできるという、超時代的な夢をもってるんですよ。学者というよりも宗教家に近いかもしれませんが、そういう夢を抱いて生きるのが自分の余生だと考えているんです。天命を知るというんでしょうか、若い頃には知ることができませんでしたが、この二、三年前からそういうことを感じるようになりまして、同じ夢をもってる人間を誘いながら、仕事をやるようになっているんです。

自国を批判すれば売国奴になるのか

黄　自らの国家を批判し、自らの伝統文化を批判するのは売国奴かといったら、もちろんそんなことはないわけです。でも、そう見る人もなかにはいるんですね。しかし、徹底的に自国批判をして、国民的な思想家と評価されている人も少なくないでしょう。

たとえば中国では、魯迅《ろじん》がそうです。魯迅は自国の文化、自国の現状を徹底的に批判しましたね。自分の国の五〇〇〇年の長い伝統、あの素晴らしいといわれている文化を猛烈に批判しました。それなのに、中国人のなかで魯迅を売国奴だという者はまずいません。

そういう問題で何が大事なことかというと、国家、文化、民族のどこに我々が大切にすべき価値があるのかということですね。それで、この価値を土台としてきた歴史や文化や思想があるわけです。これを徹底的に批判していきながら、その大事なものをさらによいものにしていこうとする。魯迅もそういうことをやったわけです。そういうことを抜きにして、とにかく自国批判をする者は売国奴だというのは、まったくおかしなことだと思うんです。

石　私はそういうところで、ずっと葛藤を抱えてきました。つまり、中国の国籍をもち、また漢民族の血でありながら、今の中国の批判をすることにですね。もちろん、自分はそれをおかしいこととは思いません。共産党政権下の中華人民共和国は、いくら批判しても批判し足りないと思っています。

そうではありますが、自分なりに自分の心、どうしても葛藤してしまう自分の心にけりをつけたいという思いが強くありました。それで昨年の末に日本国籍に帰化して、自分の心の整理をしたんです。伊勢神宮を参拝したり、靖国神社を参拝したりしましてね。私はそういう形で、私なりのけじめをつけました。だから、お前は中国人なんだから中国を批判してはいけないといわれるのは不服です。私はもはや中国人じゃないですから。

ただ、私が日本国籍に帰化して、伊勢神宮を参拝して、日本の文化的なものを身につけたとしても、どなたかが依然として私を中国人として見るならば、それはそれで仕方がないことです。でも私の問題ではないですね。日本国民になった以上、私は日本の将来を考えるのが一番大事なことです。

だからといって、中国の国民の不幸を願うなんていうことにはなりません。中国は私の出身国ですから、私とつながりのある民族は幸せになってほしいと心から思います。その気持ちは永遠に変わりません。

黄 中国でいわれている売国奴というのには、二つのタイプがあるんです。一つは平和主義者を売国奴とするタイプです。敵国と平和条約を結んで戦争が起きないようにしようとか、そういうのは彼らには売国奴なんです。もう一つは民主主義者を売国奴とするタイプです。香港の民主活動家がずいぶん売国奴と批判されますが、このタイプの人たちには民主主義者は売国奴なんです。

ですから、売国奴といっても国によって規定が違うんですね。呉さんも韓国では売国奴といわれるんでしょう。

呉　いわれますね。ただ、韓国の売国奴というのは、基本的に親日派の別名なんです。親中、親米だといっても、売国奴だとは誰もいいません。民族の敵としてあった日本、今なおそのことを根本的に反省していない日本、そういう日本が戦前に我が国に対してやったことを、少しでも評価する者――それが売国奴なんです。

韓国にも愛国心ゆえの自国批判というのはあって、これはかなり激しく行なわれます。しかし、日本評価と、そこからとって返しての自国批判に限っては、愛国心ゆえのことだというくらいいっても韓国ではまったく通用しません。

私も日本国籍を取っていますが、故郷というのは韓国であり、済州島であるわけです。ですから愛郷心は今なお変わることなくもっています。

私は日本人からも韓国人からも、お前は日本をほめすぎる、批判をしないでほめてばかりいる、それはおかしいんじゃないか、もっと日本の悪いところを批判すべきではないか、ということをよくいわれます。

これについては、いろいろいいたいことはありますが、結論からいえば、現在の日本という国の課題は、悪いところを批判するところにはないということです。そうではなく、どこが評価できるところかをはっきりと押さえていくことが、現在ではより切実な日本の課題だということ、しかも世界的な課題でもあるということです。

日本の悪いところなんて、世界のどこにも多かれ少なかれあるものですよ。韓国や中国はもちろん、他の国にはもっともっと悪いことが、いくらでもあるわけです。そんなところには、私はまったく興味がないんです。私が興味をもつのは、世界のどこにも見られない美点、美風といったもの、それが日本にはたくさんあるということです。にもかかわらず、そのことを自ら積極的に評価していこうとする日本人が少ないんです。

これまで西洋世界に対して、アジアといえば中国を課題にしたり、インドを課題にしたり、あるいはイスラム地域を課題にしたりすることが行なわれてきましたが、日本を課題として本格的な検討がなされたことは一度もありません。大きな夢ということでいえば、日本から世界の未来的な課題が引き出せる、それを引き出してやろうというのが私にはあるんです。残念ながら、あまりにも力不足で嫌になりますが、いつか必ず、日本というのが世界的な課題になるはずなんです。

黄　国よって事情が違うし、それぞれの歴史の歩みも違います。中国、日本、韓国、台湾を比べてみると、台湾は日・韓・中以上に複雑なんですね。台湾の社会というのは非常に多元的で、国家のアイデンティティが国内でずいぶん違うんです。さらには民族的なアイデンティティも違う、文化的アイデンティティも違う、社会的なアイデンティティも違うんです。ですから、台湾はこうなればいいと、すべてがまとまるようないい方が容易にできないんです。

最近では、中国政府はチベット問題に対してかなり反省しているんです。どういう反省かというと、チベットに対して愛国心教育が徹底していなかったという反省なんですね。国家、民族のアイデンティティがそれぞれ違うのに、愛国心教育が足りなかったということを反省するわけです。それならば、反省した後にどうすればいいかとなると、中国の公安部長、日本式にいえば治安大臣になりますが、彼にいわせると、もっと強力な愛国心教育をやらなければならない、そうしないとチベット問題は解決できないということなんですよ。

これこそが中華思想的な考えというものですね。

呉　そもそも、何が愛国か、何が売国かというとき、特定のイデオロギーと無縁ではないわけです。いかにも、個々のイデオロギーを超越した国家的・国民的観点があるかのようですが、それは幻想だと思います。それぞれがもつ思想や信条によって、愛国、売国の意味が違うでしょう。ですから、愛国、売国の内容というのは、結局のところ大勢を占めるイデオロギーが決めていくことになるんです。韓国ではそれが反日民族主義というイデオロギーなわけです。

もう一つ、アジアの場合は、政府も国民も文化も国土も、家族・親兄弟や地域社会も、みんな一緒くたになって国家だという全体的なイメージになりがちだという問題があります。そうなりがちだから、たとえば日本が竹島は我が国固有の領土だといいますと、韓国ではもはや国家が侵されたかのような気分になって、すべてをひっくるめての反日・愛国騒ぎが起きてしまうんです。冷静に、歴史的経緯や国際法に照らして、相手国と時間をかけて話し合おうなんていう具合にはならないんですね。

黄 日本では、売国奴という言葉はほとんど死語になっていますね。もう、そういう言語感覚では天下国家を語れないからですよ。ですから、相変わらず売国奴という言葉を聞くと、ああ、この世界はまるで変わっていないなと思うんです。売国奴といって効果をもつ国は、時代感覚がずっと過去におかれたままなんですよ。

日本では、売国奴はもう過去の言葉だと考えられていて、最も保守的な人間でもそんなに使わないですね。愛国という言葉もあまり使いませんが、これも国家意識がないということだけではなくて、やはり言語感覚の古さも感じられていると思います。

石　私自身は、今の中国の何を愛するかというと、中華人民共和国を愛するなんてとんでもないわけです。古い中国を愛するといっても、もはや存在していない。中国の文化のいいところは今の中国には残っていない。ですから私が愛する中国は、郷土としての中国、具体的には自分の生まれたところ、四川省ですよ。

呉　同感ですね。国家には体制というものがあって、支配的なイデオロギーがあるわけです。ですから、愛するといっても情緒的にというより、理性的にですよね。でも故郷というのは情緒と不可分のものです。ですから、根本にあるのは愛郷心。それで、その愛郷心をそのまま向けてもいいなと思える国家であれば、情緒的にも愛国心というものを感じることができるんじゃないかと思います。

第五章
マスコミ

日・中・台のマスコミの特徴

黄　台湾では日本とは違って、「マスコミは人を騙《だま》すもの」というのが、私も含めた台湾人一般の印象なんですね。中国語でいえば「都是騙人的」、つまり人をあざむき、人をたぶらかすもの、これがマスコミなんだというのが多くの人たちの感じ方だといっていいと思います。そしてもう一つ、マスコミは政府を代弁するもの、かつての「国民党政府の殺し屋」と同じだという印象が強くあります。

台湾のマスコミは、政府を礼賛するような言論活動をやる。現政府を礼賛するのが、ジャーナリストの心得だと考えているところがある。ですから、読む者の側からすれば、そもそもマスコミというのは大衆の敵なんだという見方になります。

マスコミの言論というのは政府の礼賛に極まるんだと、そういう認識がベースにあるので、言論の自由を求めるのは台湾では許されないこと、死と同意語だと感じられてきました。実際に、多くの言論人が投獄されたり暗殺されたりしてきたんです。

たとえば、台湾の言論弾圧事件として著名なものに、「自由中国事件」と「美麗島《ビイレイトウ》事件」があります。

「自由中国事件」というのは、一九四九年一一月創刊の『自由中国』という雑誌に、中国大陸出身の自由主義者雷震と台湾人の反体制派が結集し、民主化運動を推進した結果に起きた言論弾圧事件です。彼らは中国民主党を結成する予定だったんですが、主宰者の雷震らが六〇年九月に反乱を煽動《せんどう》した罪として逮捕され、『自由中国』は六一年三月に廃刊に追い込まれました。

「美麗島事件」というのは、七九年六月創刊の月刊誌『美麗島』に、台湾各地の党外勢力が結集して民主化運動を進めた結果に起きた言論弾圧事件です。この雑誌の主催で、同年一二月一〇日の世界人権デーに、台湾高雄市で三万人が参加する大集会が行なわれました。これに対して警官隊が出動し、指導者たちが「反乱罪」で逮捕されるなどして、結局は雑誌の刊行も不可能になってしまったんです。

そういう事件があったわけですが、今の台湾には言論の自由があるじゃないかといわれるでしょう。たしかに、国連機関などのさまざまな国際機関の調査では、台湾はアジアの中では一番言論の自由がある国だとされています。韓国やシンガポールと比べても、さらには日本と比べても、台湾はより言論の自由がある国だと評価されている。しかし実際には、まったくそうではないんですね。

台湾のマスコミは、長年にわたって外来政権のマインドコントロールの手段でしたから、マスコミへの不信感が台湾人はとても強い。それならば、台湾人が自分自身でマスメディアを作ればいいじゃないかとなりますが、作っても潰《つぶ》されてしまうし、倒産してしまうんです。潰されるのは政治的に潰されるわけですが、倒産するのは経済的にダメだからなんです。ここが台湾人の弱いところです。

私の見るところでは、本格的にマスコミを作れない、マスコミのパワーを利用できないというのが、台湾人の大きな弱点なんですね。

呉　アジアのなかでは、台湾が最も言論の自由のある国とみなされているというのは意外ですね。初耳で驚きました。言論の自由を政治権力との関係でいえば、日本が一番言論の自由のある国なのは明らかなことでしょう。それなのに、なぜ台湾が日本より自由があるとみなされるのかは、こういうことだと思うんです。

日本は多様性に富んでいながらも同質性の強い国ですから、国内に支配的な言論が生み出されると、それほど重大な問題でなければ、多少の異論はあってもことさらな反対をせずに、大勢に同調していこうとする傾向があります。あるいは、ここでは調和を優先すべきだと判断すると、自分の意見を引っ込めてしまう人が多い。そこで外から見ると、異論が抑圧されているのではないか、とみなされてしまうんでしょう。

それに対して台湾は同質性がずっと弱いですから、さらには対中国、対日本、独立の是非をめぐって国論がそれぞれ二分していることもあって、さまざまな主張がそのまま出てきます。それで外から見れば、台湾が一番言論の自由のある国に見えてくると。事実は、そういうことじゃないんですか。

韓国も日本と同じに同質性の強い国ですが、言論事情は日本とはまったく異なります。韓国の場合、対日とか対米とか、対外的な問題についての言論では、きわめて挙国一致が起きやすいんです。反対意見をいおうものなら愛国心がない、売国奴だとすら非難されるので、多くの人が口を閉ざして自分の意見を語ろうとしないという事情があります。韓国の民族主義は、身内正義の民族主義です。ですから、外国の味方をする者は不正義となってしまう。そういう身勝手な愛国主義・民族主義が、実際的に自由な言論を抑圧しているんです。

韓国は戦後ずっと、北朝鮮・中国と並んで言論の自由がない国としてあり続けてきました。言論の自由がないだけじゃなくて、政治権力の言論政策によって、民族がもつべきとされる世界観や価値観までが作られてきたわけです。いわゆる民主政権といわれる時代になってから、韓国にも言論の自由があるようになったといわれますが、それはいまだに貧困なものです。政治権力による言論弾圧もけっしてなくなっているとはいえません。

石 台湾や韓国とは違って、中国の言論は自由以前の問題なんですね。そもそも中国には正しい意味でのマスコミがないんです。ようするに、マスとしての大衆のコミュニケーションの手段というものがないんです。

中国のマスコミは政府の宣伝道具にすぎません。中国には新聞もテレビもラジオもありますが、すべてが中国共産党の宣伝道具なんですね。ですから中国の報道機関は、正しい意味でマスコミと呼ぶわけにはいきません。中国は自ら「宣伝戦線」といっています。新聞もテレビもラジオも、中国共産党の公式見解を発表する場で、けっしてマスコミではありません。戦線というのは、中国共産党にとっての戦いの第一線を意味しますから、彼らにはテレビも新聞もラジオも、中国共産党のために働くことがその役割なんです。「宣伝戦線」というのは、別に誰かが共産党を攻撃していっているんじゃなくて、自分たちでいっていることです。つまり、中国の新聞やテレビをすべて統括する一番のボスが共産党の宣伝部という機関なのだと、自らいっているわけです。

言論の自由を論じるときには、しばしば検閲制度が問題にされますが、中国の場合は検閲なんて問題にならない。最初からすべての言論が党の宣伝だという位置づけですからね。日本でいえば、『朝日新聞』から『産経新聞』まで、NHKも、日本テレビも、TBSも、みんな自民党の広報室に入っているようなものですよ。

ちなみに、毛沢東（一八九三～一九七六）が若い頃に一番最初に就いた公職は何かというと、国民党中央宣伝部の代理部長でした。毛沢東は宣伝から本格的な政治活動をはじめた人間です。彼はそのように、若い頃からしっかり人を騙す才能を身につけてきた人物でして、中国共産党が政権をとった一九四九年からは、いっそうの宣伝に力を入れてきたわけです。

ですからね、中国の宣伝メディアは単に嘘《うそ》をつくんじゃないんです。呉さんもおっしゃったけれど、価値観を作るんです。あらゆる嘘を並べて、空想の価値を作り上げ、空想の世界を作り上げるんです。

黄　台湾の国民党が強いのは、五〇年以上にわたって中国共産党のようにマスメディアを握っていたからです。もちろん、マスコミだけではなくて情報機関も握ってきました。情報機関がいろいろな資料をマスメディアに提供し、それをもらったマスメディアが暴露記事を書く。当然ながら裁判所も握っていますから、次には裁判にかけて政敵を次々に潰していくわけです。

こういう「政治─情報機関─メディア─司法」と一続きになっている構造は、たぶん台湾独特のものです。中国もちょっと似てるところがあると思いますがね。そこに取り込まれたら、誰もが逃れられない構造がある。だからこそ起きた事件の一つに、台湾では有名な鄭南榕の焼身自殺事件というのがあります。

鄭南榕は一九八四年三月に週刊『自由時代』を創刊して、それまで誰も触れることがなかった独裁者蔣介石《しょうかいせき》（一八八七～一九七五）一族の腐敗の内幕や特務機関の暗躍などを、誌上で次々に明らかにしていった人です。『自由時代』は彼が死ぬまで五年間続いたんですが、四十数回も発行停止や発行禁止の処分を受けています。それでも鄭南榕は、表向きの誌名をさまざまに変えて、一回も休むことなく実質的な『自由時代』を出し続けました。

鄭南榕は一九八八年の『自由時代』（一二月九日）に、当時津田塾大学教授許世楷が書いた「台湾共和国憲法草案」を掲載しました。高等検察庁はこれは叛乱罪に該当するとして、鄭南榕に出頭せよと命じました。そうしますとね、鄭南榕は自由時代社の事務所にガソリンを満たした缶を運び入れて缶にライターを貼り付け、自分の脇に置いて座り込んだんです。鄭南榕はそのまま事務所にたて籠もり、七一日目の一九八九年四月七日の朝、警官隊がビルを包囲して事務所に突入しようとしたそのとき、自らガソリンを浴びてライターで火を付け、焼身自殺を遂げたんです。捕まればまず火焼島（政治犯収容の島）行きにされるわけですから、自ら抗議の自殺を選んだわけです。四一歳でした。

台湾の言論の自由というのは、自由ではなくて冒険なんですよ。自由な言論をすれば、今では殺されることはないけれど、一か八かの裁判勝負になるわけです。それで権力が相手だと、また権力を背景にもつ者が相手だと、ほとんどの者は負けてしまうんです。そこが台湾の言論の自由の限界じゃないかと思います。

活字メディアの台湾と映像メディアの韓国

黄 中国の長い歴史のなかで、儒教の文字表現、つまり儒教の書物に活字で記された言葉は、宗教的な信仰に近い教えとしてあり続けてきました。儒教の教えは「名教」である、つまり人の踏むべき道を明らかにする教えである、そう信じ込んできた歴史が中国にあります。これが一種の活字信仰を生み出してきました。活字で記された言葉は、賢人の叡智《えいち》に満ちた言葉、大いなる権威をもつ言葉として、誰もが従うべきだという特別な位置にあったんです。

そういう歴史から、今なお台湾には、活字に記された言葉に逆らうのは、国を統轄する偉い人たちに対する冒涜《ぼうとく》だという観点があって、活字による言論に対しては厳しく取り締まる傾向があるんです。

呉 韓国の場合は同じ儒教を伝統とする国でも、新聞・雑誌・書籍など活字の影響力は小さなもので、なんといってもテレビの影響力が圧倒的に大きいんですね。民主政権以後も、テレビによって国民的な大勢が作り出されてくることに変わりはなく、自由な言論が実質的に封殺され、本格的な言論の自由が国民の間になかなか広がっていかないんです。テレビでいっていたことが、ほとんど真実となって国民の間に信じられていくのが、韓国の言論問題の大きな特徴です。

韓国では新聞などの活字メディアは政権批判をしますが、テレビとなると今に至るまで、時の政権にべったりと寄り添う報道をするのが通例です。国営テレビに限らずね。新聞でも、新政権が誕生すれば、当座は必ずといってよいほど政権側につく傾向がとても強かったですね。それで、政権に対する不満が国民から出てくるようになると、新聞のほうもだんだんと政権批判をするようになるというのが、これまでのパターンでした。ところがテレビの場合は、最初から最後まで、ずっと政府側べったりの姿勢なんです。テレビのほうは、政権が変わるごとに報道姿勢も変わっていくんです。

韓国人は伝統的に、映像や音声という感覚的な手段で訴えてくる力に弱いといえるように思います。映像や音声で構成されるリアリティというのは、きわめて危険なものを含んでいますね。「やらせ」に限らず、部分部分を切り取ってきてつなぎ合わせたり、関係のない映像をいかにも関係があるように見せたり、そういう編集が可能だからです。

それはどこの国でも同じことでしょうが、韓国人はとくに直接的な刺激に弱いので、テレビが演出する擬似リアリティをとても信じやすいんです。

そこをよくわきまえた上で編集をすることが、テレビジャーナリストの良心であり、倫理であるわけですが、韓国のテレビマンたちの良心や倫理はきわめて低いものといわざるを得ません。たとえば、何かの疑惑を暴くとか、何らかのキャンペーンを展開しようとするという際に、自分たちの方針を生かせる材料だけを使って、意図的に強引に編集したとしか思えない特番が、当然のようにたくさん作られています。部分的な編集で発言をねじ曲げたり、何ら疑惑でもないものを疑惑と感じられるように編集したり。テレビマンたちの方針に沿ったマインドコントロールといえる番組が、あまりにも多いんです。

マスコミの役割というものが、まったくはき違えられていて、真実を報道するのではなく、自分たちが「こうあるべきだ」と考えることを、いかにもっともらしく上手に伝えるかが、多くのテレビマンたちの狙いになってしまっているんです。

石 テレビの影響力が大きいのは中国でも同じことですが、韓国のテレビが政府にべったりだというのとは大きく事情が異なります。べったりもなにも中国のメディアはすべて政府の宣伝部なんですから（笑）。政府、党、宣伝メディアは一体化していて、各新聞社やテレビ局には必ず党の委員会があるんです。それがすべてを牛耳っているんです。

我々の時代のメディアは活字が中心だったわけですが、子供の時代からマスコミがいうことを本気で信じていきますね。マスコミというか宣伝メディアが作り上げた嘘を真実だと思い込んでいくわけです。世界中の人たちはみんな苦しい生活をしている、一番幸せな生活をしているのは中国人民だと、日本人は食うや食わずの生活をしていると。そういうあり得ない世界を作り上げるのが、中国のマスメディアというか宣伝機関の役割なんです。反日教育もその延長線上にあります。反日教育というのは、学校の教科書だけでやっている教育ではなくて、中国の宣伝メディアを使っての総合的な国民教育の一環としてあるわけです。中国のメディアは、日本には軍国主義がすでに復活していて、日本民族はいかに再び中国を侵略しようかと狙っている悪魔であると、そうした虚像を作り上げてきました。

呉 韓国では書かれた言葉よりも話された言葉を信じる傾向が強いんです。「言葉さえうまければ千両の借金も返す」ということわざがあるようにね。もちろん、日本でいう言霊《ことだま》信仰とは全然違うものです。

それは話術といったらいいでしょうか、上手な話ですね。日本では、話があまりうまいと逆にあやしげだと思われるでしょう。うまい話には乗るな、といわれますね。でも韓国人には、上手な話は大きな影響力があるんです。これもことわざの一つですが、「知っている道でも聞いて行け」というのがあります。これは、話というものがいかに大事かをいったもので、こういうことわざがいっぱいあります。

つまり、上手な話は信じるに値するということで、話が上手であればその内容はそのまま信じてよいという傾向が伝統的にあるんです。後に嘘とわかっても「それは話がうまかったんだから仕方がない」となり、多くの場合はそれですまされてしまうんです。

テレビでは、それこそ話のプロたちが巧みな話術でアピールするものですから、テレビの影響は日本などとは比較にならないほど大きいんです。「テレビでそういっていたよ」といわれれば、多くの人が疑いの余地もないくらい信じてしまうんです。

日本でもマスコミ権力の時代といわれますが、韓国ではマスコミというかテレビ権力の時代になってしまっています。ある意味ではテレビが第一権力になっていて、テレビの力に政治が動かされる場面も多々あります。政治家が「テレビでこんなことをいってる」「テレビでこんな放送がされている」といって自分の考えを補強したり、正当化するのはよくあることです。

同じ問題は、多かれ少なかれどこの国にもあるでしょうが、韓国人ほどテレビに無批判的に向き合っている国民はないのではないかと思います。その場その場で得られる心地よさや刺激の強さが第一で、報道内容が真実なのかどうかは二の次になっているんです。テレビのほうも、もちろんそのことをよくわかっているわけです。

台湾の政治記事で本当のことは一パーセントしかない

黄　近年の国際機関によるマスメディア調査で、アジアで最も言論の自由のある国は台湾だとされているのは、たしかなんですね。それじゃあ実際に、台湾一般市民のマスコミ信頼度はどうかというと、だいたいマスコミの報道していることを信じているのはわずか一パーセント程度ですよ。九九パーセントは嘘だと思って信頼していない。それでも、娯楽があまりないのでテレビを見たり新聞を読んだりするしかない。ただ、一般市民はよくわかっているんですよ。マスコミが何かの主張をする場合は、必ずその背後で誰かがマスコミを操っているということを。

先ほどの石さんの話では、中国では一〇〇パーセント政治権力が、つまり共産党が握っているということでしたが、台湾の場合はマスメディアの背後にある資本なんですね。政治権力が握ろうとしても、台湾は完全に自由競争経済の国だから握れるのはわずかで、たかが知れています。政治権力じゃなくて金権力がマスコミを握っているのが台湾です。

自由競争経済で勝つのはお金なんですね。いっぱいお金を出せるほうが勝つ。そのほうがより優秀な言論人が集まりますから。それで、今の台湾のマスメディアの八〇パーセントが中国資本なんですよ。そのため、マスメディアでの言論は中国寄りでなければやれなくなってしまう。台湾の言論界が中国を美化するのはそのためです。台湾のマスメディアでは朝から晩まで、中国の将来性がどれほど明るいかという報道をやっています。暗いなんて話はまるで出てきません。

ですから、台湾のメディアを実質的に支配しているのは、中国の宣伝部なんです。たとえば、台湾の有名なテレビタレントから聞いた話ですが、テレビ局との約束で、自分の判断でどんなゲストを呼んできてもいいいですが、もし、法輪功の連中を連れてきたら、お前は明日から局には来なくていいと、クビだといわれたそうです。そんな具合に、中国の宣伝部の意を受けて中国資本が裏から操作しているんです。

石 台湾市民がマスコミのいうことを信じないというのは、マスコミが何かの世界観を述べたり、意見を主張したりするとき、自分の考え方とは違うことについて、そういうのは自分は信じないと、そういうことだと思います。べつに全部を信じないわけじゃないですね。大衆社会では、マスコミの報じていることを一切信じないというのは不可能に近い。一切が信じられなければ、山中に閉じ籠もって修行生活でもするしかありません。

でもね、隠居生活というのは面白いと思うんです。どこが面白いかというと、自分の世界観で情報を自動的に選択するところです。自分の世界観と異なる情報は自動的にシャットアウトしてしまう。隠居ならばそうやって生きることができるんですね。

中国でチベットに対する弾圧事件が起きて、国際的な中国非難が高まりました。それで、北京オリンピックの聖火リレーが妨害されてはならないと、サンフランシスコでは中国系の人々が一万人くらい集まって、「聖火を守れ」といったデモを展開しました。まあ、聖火防衛隊みたいなものですね。

彼らの大半はおそらくアメリカ国籍でしょうから、国際的に開かれた自由な情報に接しているわけです。それでも、いざとなると中国共産党のチベット弾圧を批判するのではなく、中国共産党の呼びかけに応じて聖火を守るんです。彼らはアメリカのマスコミをあまり信じていないんだろうと私は思います。だから、自由な情報に接していながらも、中国のことになるとまったく自由世界の情報に接していない中国国内の人民と同じ考え方と立場になるんです。

黄　台湾の新聞記事のようなのを「烏龍記事《ウーロン》」といいます。嘘の記事をでっちあげながら、それを本当の記事と混ぜながら報道する、これを「烏龍記事」というんです。

たとえば、国民党主席の馬英九が日本に来たときに、安倍晋三官房長官（総理になる直前当時）とは会いもしなかったのに、台湾の新聞には二人の会談の記事が出てくるんですよ。それに対して『産経新聞』が「あれは嘘だ、実際には会っていない」と書く。そうすると台湾の新聞には、さらにうまく嘘を重ねた記事が出てくるんです。たとえばこんな具合です。「日本の政治家は、日本と中国の関係が非常に微妙だから、本当に会っても会ったとはいわない」。

二重の嘘ですね。こういう「烏龍記事」をとにかく振りまくんです。

こうなると、よっぽどの台湾通でなければ、どこまでが嘘でどこまでが本当なのかはわからないですね。でも台湾の民衆は、小さい頃からマスメディアと権力との関係をずっと肌身に感じてきていますから、本当のことは一パーセントだけだと、ちゃんとわかっているわけです。

ようするに台湾のマスメディアがやっているのは、嘘と本当の材料の拾い集めであり、混ぜ合わせなんです。

呉 本当のことは一パーセントだけというのは、ちょっとよくわからないです。主として政治権力や金権力にからむ情報についてのことだと思いますが、本当にその通りの情報環境だったら、一般人にはまともなビジネスすら成り立ちませんよね。ですから、政治や経済や思想一般についてそうだということではなくて、ある種のパワーをめぐる物事や価値観の根幹にかかわる点について、メディアは本質的にほとんど真実をいっていないと、そういうことをおっしゃっているんじゃないかと思います。

我々人間は、御飯を食べないと生きては行けないわけですが、日本・台湾・韓国では、生きるための御飯を心配した時代は大勢としては終わりました。ところが、その終わったところで、新聞を読まずには、テレビを見ずには生きては行けない時代がやってきたわけです。新聞やテレビがなくても、もちろん命は保てます。でも世捨て人になろうとでもしない限り、新聞やテレビなしには現代の社会生活はやっていけませんよね。

新聞やテレビの報道をそのまま信じてはいけないのはもちろんですが、韓国で生活していくのに新聞やテレビが欠かせないのも、これまた当然なことです。貧乏時代の我々は衣食住に縛られていたけれども、今の我々の大部分はメディアに縛られているんです。

中・韓・台マスコミのいうことはどこまで信じられるか

石　黄さんもいわれたように、中国で歴史的に作り上げられた世界観がいったん身に付いたら、そこからなかなか脱することができません。中国人はよくいいますよ、「自分は政府のいうことを信じない、『人民日報』を信じない」と。でもね、案外、信じてるんですよ。自分は信じないといってはいるんですが、「聖火防衛隊」なんかの行動や考え方を見れば、九〇パーセントは『人民日報』のいうことを信じているのは明らかです。あとの一〇パーセントは自分の判断になってきます。しかし、大半の中国人は何が本当で何が嘘かを判断する能力はないものですよ。

ちょっと逆になりますが、酒の席なんかでは、だいたいが「自分は『人民日報』を信じている」っていうんです。それはね、そういうのが一つの賢さの証拠だみたいなところがあるからなんです。ところが、『人民日報』はこの六〇年間、ずっと嘘のつきっぱなしできたわけです。それで、『人民日報』の嘘はだいたい一〇年経つとバレていく。そういうサイクルになっています。一〇年前に鄧小平を批判していたのが、一〇年後には鄧小平を賞賛してるんですから。そういう嘘をつくから信じないと一方ではいうんですが、いざどうかというと信じているとなるんです。中央テレビ局の放送についてもそれは同じことです。

どういうことかというと、過去の嘘はバレているから信じないけれど、今の嘘は誰もが信じてしまうということです。すごく面白いというか、特異な構造があるんです。

黄 先ほど、台湾のマスコミで信じられるのは一パーセントといったのは、呉さんがいわれたように、比較的政治向きの報道のことですね。生活一般についてのことではなくて政治面の話です。

台湾でよくいわれることですが、「台湾で暮らしながら実にいいところに暮らしてると思う、しかし一つ悪い条件がある、それがテレビと新聞だ、これさえなければ、台湾は非常にいいところだ」とね。韓国の友人から、韓国も台湾と同じように新聞さえ読まなければ非常に暮らしやすいところだという話を聞いたことがありますが、どうなんでしょうか。

呉 韓国の新聞のいうことは、ちょっと信用できないという思いは私にもあります。やはり政治面ではね。ただ、政治面に限らず、先ほどもいいましたが、民族主義、愛国主義がかかわってくると、文化面も社会面も、スポーツ面ですら信用しがたいところが多々出てきます。でも、新聞を読まなければ暮らしやすいとは思いませんね。新聞を読もうが読むまいが、韓国は暮らしにくい国、別ないい方をすれば社会生活がしんどい国ですよ。台湾には、のんびりとした気楽な生活感覚があるように感じましたが。

さっき石さんがいわれた、過去になんべんも嘘をついてきてバレているのに、今の嘘は信じてしまうという問題。似たようなことは韓国にもあります。韓国では政権が変わると、それまでの政権の嘘が一挙に暴かれてバレるようなことがよくあります。それでもたしかに、今のことは信じてしまいがちです。中国の場合とは質が違うと思いますけれど。また、これも石さんがいわれましたが、メディアが伝えていることを、嘘か真実か判断するのは誰にもそう簡単にできるものではありませんよね。

そういう意味で、現在の我々には、いつでもメディアのマインドコントロールを受ける危険性があります。テレビや新聞の怖さはそこにあると思うんです。もちろん、その他にさまざまなメディアが、週刊誌、週刊新聞、月刊誌、専門誌、ミニコミ、書物、インターネットなどがあるわけです。テレビや新聞とは別のスタンスだったり、別の視野から光をあてていたりしますけれど、影響力の大きさはテレビや新聞とは比べものになりません。

石　政治の話では『人民日報』をみんな信じるといいましたが、誰にとっても共産党の幹部がいうことは、少なくとも半分は信じられないわけです。彼らが日々汚職にいそしんでいることは、みんな知ってますからね。

そこで、別の手段を使って信じさせることが行なわれます。たとえば、党と政府は自分たちのいいたいことをお笑い芸人にいわせるんですね。その典型が、趙本山《チャオベンシャン》というお笑いタレントです。彼は「コント王」といわれて全国的な人気があります。話の半分はただの笑い話なんですが、半分は中国共産党のいいたいことを巧みに組み込んでいるんです。それで、数々の最優秀賞が彼に与えられたりするんです。

最近のことでいえば、趙本山は、北京オリンピック聖火リレーに対する世界的な抗議行動の動きを馬鹿にしたり、聖火リレーを守った者たちを英雄と讃えたり、そういう話をコントのなかに面白く組み入れています。そうすると、中国の青年知識人たちは、自分は共産党のいうことは信じないといいながら、趙本山のいうことには喝采《かっさい》を送るんです。そうして結局のところ、中国共産党の主張を本気で信じていくという、そういう構造があります。

これはほんの一例ですが、そうした民間人を使っての巧みな宣伝工作を束ねて行使していくことによって、国内の知識人も若者も、西側のマスコミが嘘の報道をしているんだ、西側が意図的に聖火リレーを潰そうとしているんだ、チベットの鎮圧は正しいんだと信じていく。わけのわからない連中が信じていくんじゃないんです。いっぱしの知識人たちが本気で信じていくんです。アメリカで暮らしている中国人ですらそうなんです。

呉　なるほどね。今や中国もかなりマス的なイメージ消費の時代に入っていて、それが政治的にとても利用しやすくなっている、ということなんじゃないでしょうか。何が現実かよりも、どんなイメージが欲しいか。鬱屈《うっくつ》した情緒を解放してくれて、小気味よい気分になれるイメージを楽しみたい、消費したいとなってきている。共産党のおしきせでは、もう満足できなくなってきているんでしょうね。

韓国では、反日の問題が同じようなことになります。韓国のお笑い芸人のコントでも、今いわれた中国の場合と同じことを、「日本人」を題材にやっています。また、テレビのホームドラマのなかで、誰々がとんでもなく悪いヤツだということを表現するのに、「あいつは日本人よりも悪い」といういい方がよく出てきます。

黄　私の見るところでは、日本の江戸時代には言論の自由があったんですよ。江戸時代というのは朱子学があって、国学もあって、仏教もあって、陽明学も蘭学もあってと、そういう環境のなかで百家争鳴の時代だったんです。

そうした多元的な価値がなければ、あるいは多元的な学問の競争がなければ、いくら言論の自由といっても一方的になってしまうんですね。言論の自由というのは、そういう多元性の豊かな環境がなければあり得ないと思います。

日本のマスメディアをどう見るか

黄 話題を変えて、日本のマスコミについて話したいと思います。私は東京オリンピックの年、一九六四年正月に日本に来たわけですが、政府批判を平気でする日本のマスコミが、私にとっては大きなショックでした。マスコミが政府を批判するということは台湾では絶対にあり得ないことだったからです。それが一つ。もう一つは、中国は天国なんかじゃなかったということを知ったことです。

我々台湾人が受けた教育では、中国といえば、「水深火熱」の地獄ですが、六〇年代の日本での中国のイメージでは蚊もハエも泥棒もネズミもいない地上の楽園に他なりませんでした。そういうことがあって、六〇年代には日本のマスメディアは素晴らしいと思っていたんです。ところが、七〇年代に入っていくと、しだいに不信を感じざるを得なくなって、日本のマスコミに対する考え方が大きく変わっていきました。

中国の文化大革命が六〇年代後半からはじまりますが、日中国交樹立が七二年ですね。このときから日本の報道は「一つの中国」支持へと変わっていきます。それが段々エスカレートしていって、新聞などのマスメディアが「台湾」の二文字を出さないという自主規制をはじめるまでになるんですね。最初はたしか、鈴木明さんの『誰も書かなかった台湾』という本の新聞広告だったと思います。メジャー紙がみんな広告掲載を拒否したんです。

そういう状態が続いて七六年に文革が終わり、八〇年代に入った頃から、再び「台湾」という文字が新聞に出てもいいということになっていくわけです。

そういう流れのなかで、日本のマスメディアには言論の自由があるといえるのか、公正な報道がなされているといえるのかという疑問をもつようになったんです。それから段々とわかってきたことは、日本のマスメディアは反日を歓迎しているんだということです。反日の言論があれば、すぐそれに飛びつく。まるで条件反射のように飛びつく。それが日本のマスメディアの大きな特徴じゃないかと思います。ようするに自虐的なんですよ。

日本の反日の砦は、どうやら大学とマスメディアのようだということが八〇年代から徐々に見えるようになってきて、九〇年代からはさらにはっきり感じられるようになりました。私のそういう見方は間違っていないという自信が出てきたのが、二〇〇〇年に入ってからです。お二人はどうでしょうか。

呉　私は八三年の来日ですが、最初はやはり黄さんと同じに、マスメディアが政権批判を公然とするのを見て、ものすごく驚きました。と同時に、韓国では「日本人というのは心から反省しない民族だ」とばかりいわれていたんですが、日本のマスコミは反省ばかりしているわけです。これには本当に信じられない思いがしました。最初は気分がよかったんですが、日本統治の歴史の実際をいろいろな書物から知っていくうちに、反省ばかりのマスメディアの姿勢に、しだいに疑問をもつようになりました。

また、当時のマスメディアでは、北朝鮮にシンパシーを寄せる報道が目立ちました。これがどうもよく理解できませんでした。それでも、少なくとも韓国でいわれているような、「北朝鮮は悪魔の国だ、まともな人間は一人もいない」みたいな言い方には、子供騙しというしかない、たくさんの嘘が交じっていることを段々と知っていくようになります。

それで日本で具体的な体験を積んでいくうちに、自分は韓国の政府とマスコミにすっかり騙されていたということを、はっきり知るようになっていったんです。

北朝鮮についての報道姿勢は、二〇〇二年に拉致《らち》問題発覚以来、ガラッと変わりますが、それまでは、八三年ラングーン爆弾テロ事件や、八七年大韓航空機爆破事件というテロ事件があったのに、日本のマスメディアは本格的な北朝鮮批判をしませんでした。また、戦前の日本統治については、いまだにとにかく悪かったという謝罪に終始する報道が目立ちます。

そういうことから、日本のマスメディアは反日的だし自虐的だといえば、たしかにそうですね。でもその背景には、半世紀以上にわたって日本人自身が敗戦後遺症から脱却できないでいる、ということがあると思います。敗戦で、我々には想像もつかないほどのショックが日本を襲ったんでしょう。

東京国際裁判で一方的に日本が悪いと決めつけられ、日本は孤立無援のなかでそれを受け入れていくほかなかったわけです。そういうことでは、日本人はしたたかではないですね。日本人には日本人のいい分があるにせよ、世の大勢がそうなった以上は、もはやいい訳はすまい、それが潔いことなんだ、非難は甘んじて受けて姿勢を低く、頭も下げていこうと、そう心に決めていった人が多かったんじゃないですか。私はそう感じています。

心理的には、これではどうしたってアメリカコンプレックスになり、中・韓コンプレックスになるしかないわけです。それで私は敗戦後遺症だというんですが、そういう特殊なコンプレックスから抜けられないまま、今なお中国や韓国に対してはいいたいことをズバリいわない、いわないことがいいんだ、語らないのがいいんだ、相手が謝れというんなら謝っておくのがいいんだと、そういうふうになっているんだと思うんです。

マスメディアの反日言論は、ずっとそういう国民的な敗戦後遺症に乗っかってきただけのことで、実際にはそれほど大きな力があるわけじゃないと思っています。

石　私は八八年の来日ですが、お二人と同じように、日本に来て日本のマスコミの姿勢を知って感激しました。これほど自由にものをいうのが日本のマスコミなんだと。堂々と政権批判をするし、どんな権力がある者に対しても、おかしなことについては厳しく批判する。

これが自由世界のマスコミというものなんだ、素晴らしいなと思いました。

それが、しだいに変だなと感じるようになっていったのもお二人と同じです。その第一はまず中国報道ですね。NHKをはじめとするテレビや大新聞の中国報道が、実におかしいんです。もちろん、中国みたいにすべてが嘘だというわけでも、嘘の材料を使って報道をしているわけでもないんです。大部分は事実ですよ。問題は、事実の選択に明かな一つの傾向があるということです。そこがすごく陰湿だと感じるようになりました。

日本のマスメディアは、とくに『朝日新聞』ですが、中国報道に関しては意図的に中国に潜在している諸問題を避けて、しかも中国のよい面をクローズアップして、それを大きく報道するんですね。中国共産党を賛美したい、中国共産党の肩をもちたいという政治的な意図が見え見えなんです。

テレビではとくにNHKに中国賛美が目立ちます。中国製の冷凍餃子に毒薬が入っていて、大変な被害が出る事件がありましたね。これは明らかに「毒薬入り餃子事件」なわけですが、NHKはこの事件を「冷凍餃子事件」というタイトルで報道するんです。問題の本質は毒薬によって被害が出たというところにあります。単なる冷凍餃子の事件ではありませんよね。それなのに、毒薬、農薬という言葉を報道の表面には出さない。中国におもねって、毒薬事件とはいわずに、うやむやなままに事件を葬り去ろうとしているのが見え見えなんです。こういう態度が、中国共産党の宣伝部を大喜びさせるんです。

アメリカの牛肉問題に対しては、マスコミは先を争うようにして厳しく批判するのに、それが中国になると、実に手柔らかになるんですね。そこには、どうしたって何かの意図的な指向性を感じざるを得ませんよ。

また、二〇〇五年に中国で大きな反日デモがありましたね。これで日本の国民の多くが、中国には強い反日感情があるということを、事実として知ったわけです。ところがNHKは、これをうち消すようなことを番組でやるんです。それは、二〇〇七年の関口知宏というタレントを使った「中国鉄道の旅」という放送のやり方です。そこでNHKは、中国の人たちは反日感情が強いといわれるけれど、そんなことは微塵《みじん》も感じられないと、そういう編集をやってのけました。あれを見たら誰もが、中国人はみんな日本を好きなんだなと、反日感情なんて実際にはないんだなと感じますよ。中国美化の限りです。

あの番組では、関口知宏が中国の電車に乗って、たくさんの中国人と接触していって、中国の庶民はなんて親切でやさしくて、日本人が好きなんだろうかと、そういう体験を重ねていくわけです。しかし私から見れば、最初からあれは嘘だとわかるんですよ。あの乗客たちは全員サクラだ、中国共産党の「やらせ」だといって間違いありません。NHKとしては、自分たちは自由に取材したと思い込んでいるかもしれませんが、事実は全部向こうに仕込まれたものなんですよ。

ちょっとわからないところは、日本のマスコミが、中国共産党の騙しに自覚的に加担しているのかどうかです。日本のマスコミが共産党の宣伝部からお金をもらってやっているとか、そこまでは思いませんけれど。ただ、あたかも中国共産党の宣伝部からいちいち指示を受けてやってるんじゃないかと、そう思うしかないような報道の仕方をしていることは事実です。

日本のマスメディアに顕著な自己批判

呉 日本人は、他者から受けた被害に対して長い間恨みをもち続けることがなく、また他者との関係の質が変わればスッと水に流しますね。ところが、それが逆だといくら関係が変わっても、悪いことをしたなと罪の意識をずっと引きずっていく。そういう国民性のようなものがあると思います。日本人の多くに、反省的、自己批判的な姿勢を潔しとする傾向を強く感じます。
それでも、日本の活字文化が自由に富んでいることもたしかです。たとえば、週刊誌では新聞とはまったく逆といってもいい報道が、しかもよりきめ細かい報道が見られます。またオピニオン雑誌では、とても深いところまで掘り下げて分析しますし、思想的な立場をはっきりと表明もします。

新聞やテレビでは、「ここまでだ」という枠みたいなのがあって、週刊誌やオピニオン雑誌は、それぞれ違うやり方でこの枠を超えた報道や言論を展開します。そういうメディアの自然な分担みたいなのがありますね。新聞やテレビでも、諸外国に対して表面的であたりさわりない報道が目立つにしても、いろいろな特集などでは、掘り下げるべきところを掘り下げて真実に迫ろうとする、充実した記事や報道も珍しくありません。

もう一つ、これは日本のマスメディアというよりも日本人の特徴だと思いますが、諸外国に対しては、まず調和したい、仲良くしたいという気持ちが何よりも先に立った報道がされるということがあります。これが冷静で客観的な報道を妨げてしまうケースがずいぶんあると感じます。

たとえば、二〇〇三年のはじめに韓国の大統領が代わりましたが、代わってからようやく前の盧《ノ》武鉉《ムヒョン》政権に対する批判が少し顔を出したわけです。盧武鉉政権は経済政策に失敗した、国際的な孤立を招いた、北朝鮮に寄りすぎていたと、それまでほとんどしていなかった盧武鉉政権批判がされました。

それに対して、次の李明博《イミョンバク》大統領は、前大統領とは違って経済に強い、親米だ、日本に対して過去は問わないといっている、大いに期待したいというんですね。金泳三《キムヨンサム》以来の大統領は、政権に就いた時点ではみんながみんな、日本には過去を問わないといっていた、だから言葉通りに信用できないという疑念はほとんど表明されないわけです。

そこまではまあ儀礼的なことでいいとしても、これでようやく日韓調和時代がはじまるとか、日本と韓国は本当の意味で仲良くなれるとか、大々的な見出しをつけて報道する。とても冷静で客観的な報道とは思えません。韓国のことがよくわかっていないというか、わかろうとしないで、あえてよく見ようとばかりするんです。韓国新政権誕生となると、いつもそうなんですね。

石 中国に対しては、中国政府のやっていることを代弁するというのが日本のマスメディアの傾向で、韓国に対しては政府が変わればマスメディアのトーンも変わる。おおむねそういえると思いますが、台湾に対しては複雑ですね。国民党側と反国民党側のバランス・オブ・パワーの変化が非常に激しいわけですが、日本のマスメディアはその間でそれぞれ異なる二つの虚像と実像を作り上げているように思います。

言論の自由は中国にはないけれど、日本にはあるし、台湾にも韓国にも、少なくとも中国以上にはあるでしょう。でも、本当の自由ということを考えたときに、それぞれ特有の問題が出てくるんだと思うんです。日本の場合は、台湾報道がいい例ですが、それぞれのメディアの背後にそれぞれ見えない力があって、その力に左右されているというのが実態じゃないかと思います。

呉　日本人には美意識をもつのがとても大事なことなんですね。たとえば、「指摘そのものは正しいかもしれないけど、そんなことを指摘するのはみっともないことだ、はしたない」とかよく耳にします。こういう美意識がマスメディアにも反映されていると感じます。たとえば、中国や韓国に、正しいかどうかでいったら、もうどうしようもない事態が多々あっても、他国の悪いところを一々批判してやり玉にあげるのは美意識に反するんだと、そういう姿勢がマスメディアにもあると思います。

日本が国民国家の立場からいうべきことをいったとしたら、間違いなく中国や韓国からすさまじい批判が起きますよね。それはしばしば、政治家の「失言」みたいな形で出されて、そのたびに外交関係がぎくしゃくすることになるわけです。そうすると、マスメディアは中国や韓国と一緒になって政府を批判する。日本の政府は、そういう事態に応ずるのに辟易《へきえき》としてしまっているんですね。そんなことになるのはもう嫌だということもあるんでしょうが、もともと外国に対する発言では、相手を怒らせないように節度をわきまえなくてはならないと、そういう配慮がとても強く働いていると思います。

マスメディアにしても、それは同じことですね。外国とはできるだけ衝突を避けて、調和していこうと考える。それで、相手の悪いところはさしおいて、いいところを選んで取り上げようとしていく結果、ことさらに外国を美化することにもなっていくわけです。先ほどの「中国鉄道の旅」もそうでしょう。反日デモがあったのでそれを報道したけれど、それで中国への悪印象を固定させてはいけないと、それでいいところに絞った編集で報道をして、バランスを取ろうとするわけです。

石 そうそう、盛んに中国ロマンを煽《あお》るんですね。その代表的なものがシルクロードでしょう。実際には荒涼たる砂漠ですよ。日本のマスメディアはこれを美化して、ロマンに満ちた幻想のシルクロードを作り上げる。場所の現実が無視されていますから、ああいう厳しいところでも行きたくなってしまう。シルクロードに限らず、意図的に日本人の美意識をくすぐる映像があまりにも多くて、中国の実態が見えなくなってしまう。いいイメージだけが残る。そういう効果が実際に生まれています。

日本のマスメディアを監督・指導している中国

黄 中国には日本のマスメディアに対する、管理、監督、現場指導の機構や人員がありま す。日本のマスメディアに対しては、二四時間体制で、専門家がそれぞれのマスメディアを監督しているんです。気に食わない番組が出たらすぐに乗り込んで行って、こういう報道をしてはいけないと現場を指導し、公開謝罪をさせるか、裏のほうでこういうことはしないと約束させるということをやっています。

そういう中国に頭を下げるような日本のマスメディアの報道に対して、私は何回か抗議したことがありますが、局側の説明はいつも、中国の関係者から直接抗議を受けた、だからそうせざるを得ないんだというものなんですね。そういうことがたびたびあるもので、日本のマスメディアは向こうに怒られないようにと、一種の自己規制をしているというのが実際のところです。

日本の政治家に対しても、一人ずつチェックしていて、中国政府にとって好ましくない言動があれば、すぐに現場を仕切っていく。民主党なら民主党の党本部へでかけて行って、そういうことをするんなら中国はこうするとか、圧力をかけた現場指導をするわけです。

石　だとすれば、日本のマスメディアは、自らの存在意義を、自ら捨てていることになりますね。国内問題でも同じようなことがありますね。左翼的な人間が何かの抗議の声をあげれば、マスメディアは大きく取り上げるでしょう。でも、保守系な人たちの抗議はほとんど無視するんです。

抗議だけじゃないですね。たとえば、水島総さんが監督した『南京の真実』という映画、日本のマスコミはほとんど無視しましたね。彼らとしては強く批判すべき内容のはずなんですが、批判もせずに黙殺するわけです。これはジャーナリズムのとるべき立場ではないですよ。中国人が撮った反日の映画は取り上げるのに、中国の公式見解に反する日本人が撮った映画は取り上げないんです。これでは、まるで中国の宣伝機関じゃないですか。

自分たちには気に入らない出来事や事件を黙殺したり、普通なら当然流すべき情報を意図的に流さないということを、日本のマスメディアはよくやるんですね。たとえば、二〇〇八年の四月に野村証券でインサイダー取引があって、社員とその知人というのが逮捕されました。二人とも中国人なわけですよ。でもマスメディアは中国人だとはいわないんですね。国籍を隠しちゃうんです。

マスメディアの報道では、犯人はアジア系外国人だとかいって、中国人だとはいわないことがちょくちょくあります。明らかに意図的なんです。たぶん中国政府から要求されているんだと思いますが、いずれにしても自分たちの政治的考慮からそういう報道をしているわけで、それは逆のファシズムですよ。

お笑い番組が氾濫する日本のテレビを批判する

黄　日本のテレビに対していいたいことはたくさんありますが、一つには、ほとんどがお笑い番組なのはどういうわけだということです。適度な笑いは健康にいいわけですが、これだけお笑い番組が多いというのは、どう見ても異常ですよ。こんなことばっかりやっていていいのかと、私はとても心配してるんです。

台湾のテレビについて少しいっておくと、台湾にはテレビ局が四つしかないんですが、ケーブルテレビの普及率が八五パーセントで、これが一〇〇チャンネルを超えているんです。それでテレビ番組界は、すさまじい競争時代、戦国時代に突入しています。競争のためにはいい番組を作らないとならないんですが、その裏ではものすごい資本力の競争が戦わされています。そういうところが、ちょっと日本とは違うところです。

日本の場合に心配なのは、あれだけのお笑い番組過剰のなかで子供たちが育っていって、いったいどんな新人類が生まれるのか、ということです。活字離れが進むなかでテレビに育てられた人たちが、さらにお笑い番組の洪水のなかで、いったいどうなっちゃうんでしょうか。

日本は世界一の長寿国で、身体は健康なわけですが、精神的にも健康になれるのかというと、テレビ番組のあんな状態がある限りはきわめて疑問です。

呉　たしかに最近はお笑い番組だらけで、どこもかしこも似たようなものばかりで個性がないですね。いくらかは見ますが、大部分は見ないですよ。いいのもあるのかもしれませんが、探してまで見る気にはなりませんね。笑いが健康にいいとかいわれますが、それは良質の笑いというか、小気味のよいすっきりとした笑いでしょう。低次元の笑いとなると、これは精神的にいいわけがない。

曽野綾子さんもどこかでおっしゃっていましたが、自分たちでお笑い芸をして自分たちで笑っているというのが嫌ですね。こっちが笑うよりも先にあっちが笑っているんです。お笑い芸を見ているんじゃなくて、そうして笑っている場面を見させられているわけです。どこで笑うかは人それぞれなのに、あんなふうにされると、ここで笑えとばかりにドッときますから、なんだか笑いまでがコントロールされている感じがしてきます。

お笑い番組に限りませんが、リモコンでチャンネルが動かせますから、悠長なことはやっていられません。そこで、その場その場で笑いをとっていくことが重要になっていって、しだいに低俗でもなんでも笑わせさえすればいいと、そうなっていったんじゃないでしょうか。私からしたら、今のお笑い番組ほどストレスの溜まる番組はないですよ。なんとか別の道を見つけて、早く変わって欲しいですね。

古典的な落語や漫才は、たしかにテレビ向きではないかもしれません。でも以前は、その伝統から新しいスタイルを生み出していこうという部分があったと思います。それで、古典を超えよう、ぶち壊してやろうとしてきたんでしょうが、古典を超えるどころか、低俗に落ちてしまったと思います。笑い文化の堕落としかいいようがないですね。

黄　中国の伝統的な儒教文化というのは、笑いを拒否する文化なんですね。笑うのはとても下品なことだ、もっと天下国家を論じなさいというのが儒教です。そういう儒教的な社会に加えて、共産主義社会というのもなかなか笑えない社会なんですね。娯楽がとても少なくて、政治的なことばかりが出張る社会です。

中国の文化には笑いが少ないという気がするんですが、石平さんはそういう環境のなかで育ってきて、笑い文化というものをどう思われますか。

石　日本では笑いが一つの文化として成り立ってきたわけですが、中国はいわれるように笑いの文化というのは貧しいですね。もっとも、我々の時代は笑う以前に泣いたわけです（笑）。何も悲しくて泣くんじゃないんですよ。貧しいながらも、今自分があるのは共産党のお陰だと、その温情を思い出して泣かされるんです。毛沢東が死んで泣かなかったりすると、刑務所に入れられちゃいましたからね。今の中国の指導者たち、たとえば温家宝なんかも、貧しい農村へ出かけて行って涙を流して泣くのが仕事の一つみたいなもんです。

伝統的にそうなんでしょうが、中国の政治家にはユーモアのセンスがまるでありません。たとえば、中国の新しい外務大臣、楊潔篪《ようけつち》は就任後の記者会見で、どういう外務大臣を目指すのかと質問されて、大まじめに「愛国的外務大臣だ」と答えるんです。記者はできるだけこの人の個性を引き出してやろうとしていろいろ質問するんですが、答えという答えはみんな決まり文句ばかりで、笑いを誘う言葉なんて一つも出てこない。

中国の文化はことごとくが政治的なもので、その政治が笑いを許さないんです。政治第一ですから、何事についても真面目でなくてはならない。そういう文化です。それに、中国語はジョークを語るのにあまり向いていませんね。

日本のように、笑いがあるのは文化が健全な証拠です。ただ、呉さんがおっしゃったように、日本の笑いが低俗化してきたというのは、私もその通りだと思います。今のお笑い番組の笑いというのは、巧みな言葉のユーモアで人の笑いを誘い出すのではなくて、わざとおだてたり、馬鹿にしたりして取っている笑いですね。

黄 よく江沢民《こうたくみん》が笑顔を見せるでしょう。あの引きつったようなあの目と口、不自然で本当に気持ち悪いですね。あれは本当の笑いじゃない、明らかな作り笑いですね。

胡錦濤《こきんとう》は笑ったところを見たことがないです。ずっと厳粛な顔を崩そうとしない。胡錦濤にもうちょっと笑顔があったり、ユーモアが出れば、中国は変わるんじゃないかなという気がするんですが、どうでしょうね。

石 それは逆でしょう。中国が本当の意味で変われば、国家の責任者も心からの笑い顔を見せるようになると、そういうことでしょう。今、胡錦濤があの顔で笑ったら、逆に怖いですよ。何かとんでもないことを企んでいるに違いないからです。今彼が笑うとしたら、それは何か下心があっての笑いに決まっているんですよ（笑）。

中国人は公的な席では笑わないけれど、もちろん私的な席では笑うんです。政治の世界で笑わない分だけ、酒の席では馬鹿笑いしますよ。

韓国の親日言論・親北言論の現状

黄　歴史的なことでいいますと、どこの国のジャーナリストにも、自由な言論のために命をかけて闘った時代があるわけです。台湾のジャーナリストもそうでしたが、今は命とまではいわないにしても、あらゆる権力を使っての訴訟が起こされるわけです。李登輝《りとうき》ですら、ちょっとひとことといっただけでも、訴訟を起こされて、何千万元だかの罰金をとられました。まだまだ大変なんですね。

そういうことで韓国の場合はどうですか？　また、今の韓国では、北寄りの言論が強いんでしょうか、それとも反北朝鮮の言論が強いんでしょうか。盧武鉉政権の時代には、北寄りの言論が支配的だったと思いますが、今はどうなんでしょうか。

呉　韓国の場合は、訴訟までいかなくても、ちょっとしたひとことでも、訴えが起きると身柄を拘束しての取り調べが行なわれるのが通例です。こういうやり方が、ずいぶん自由な言論を抑圧していると思います。

最も危ないのは、いうまでもなく日本統治時代を評価する言論です。これが、正式な学者の学界向けの専門的な研究論文ですと、なんとか大丈夫なんですが、書籍や雑誌に載せる評論でこれをやると、いかなる研究者でも社会的な抹殺を受けることを覚悟するしかなくなります。裁判沙汰《ざた》になるのはもちろんですが、韓国の場合は社会的に売国奴の烙印《らくいん》を押された上に、社会的な身分を剥奪《はくだつ》され、非難囂々《ごうごう》のなかでどこかへ身を隠すしかなくなってしまうんですね。

言論の自由で韓国特有の問題がもう一つあります。それは、自分勝手にいいたい放題にものをいうことを、言論の自由だと思い込んでいる人たちがあまりにも多いということです。たとえば政治的な競争相手に、根拠のないまったくでっち上げのスキャンダルを、平気でぶつけるわけです。言論の自由があるんだから、何をいったっていいんだと思っているんです。そういうでたらめのスキャンダル・キャンペーンが功を奏して選挙に勝って、後にそれが実は嘘だと発覚したケースがたくさんあります。

しかも嘘がばれても、社会的な地位や身分から退くとか、そういう責任を取ることはほとんどされません。裁判で負けても、ちょっとした罰金を払うだけですんでしまう。ですから、今ここで相手を引きずりおろせるなら、嘘でも何でも主張したほうが得だと、そういう風潮が韓国の政治にも社会にもあるんです。

マスコミでもそうですよ。たとえば、ある会社が不正をやっているとして、マスコミが徹底的に叩き、社会的な非難がその会社に集中した結果、その会社が潰れてしまったとします。それで会社が潰れた後に、マスコミの主張には根拠のないことが裁判で明らかになったということは、韓国ではよくあることなんです。何もしてなくてもマスコミに潰されてしまう。だからマスコミは怖いと恐れられ、マスコミはいっそう権力的な振る舞いをやるようになっていくんです。

北朝鮮についての言論では、今では親北朝鮮的なものは幾分弱まっているといっていいでしょうが、一般では北朝鮮問題はマンネリ化してしまっているんですね。北朝鮮が何か問題を起こしても、とりたてて騒ぐまでもないと、そういう状態が惰性的に続いているんです。誰かが北朝鮮に批判的なことをいったりしますと、もうそんなことをいうのは時代遅れだ、おかしいんじゃないかと、そういう国民的なムードが定着しています。

マスメディアも今の政権も、北朝鮮には厳しい態度をとるべきだというんですが、多くの国民は無関心です。それじゃあ政府は、何か厳しい対北朝鮮政策を打ち出したかというと、口でいっているだけでとくにないわけです。親米ポーズの域を脱しているとはいえませんね。

金銭をもらって記事を書く中国・韓国のマスコミ

黄　中国のジャーナリストは、ほとんど党の文宣部がコントロールしているんですが、私が台湾の企業家から聞いた話ですが、中国ではジャーナリストをお金で買えるそうなんです。企業が中国のどこかに商品を売り込みたいといったときに、ジャーナリストに頼むと、テレビでも新聞でも、こういう内容なら相場は五〇〇〇元だとか一万元だとか、そういって提灯《ちょうちん》記事を書いてくれるんだそうです。そういうことが実際にあるんでしょうか。

石　おっしゃる通りのことが実際にあります。ジャーナリストの最大の仕事は共産党の宣伝をすることです。これをやらなければ、ジャーナリストの身分を剥奪されますからね。ジャーナリストとしていろんな記事を書くわけですが、そこでどういう記事を書くかは、中国共産党を褒《ほ》めるにしても、彼らにはとても大事なことなんですね。

それで次には、党から与えられた記事を書ける権限を自分の利権にするんです。おたくの企業を取り上げてあげますよとなれば、企業にはいい広告になりますから喜んでお金を払います。『人民日報』の記者だろうが、中央テレビ局の報道マンだろうが、そうやってお金を稼いでいる者は多いんですよ。『人民日報』や中央テレビ局は、中国共産党の宣伝の道具として、全国的な独占権を与えられた典型的なジャーナリズムです。それだけに、記事や報道の影響力には多大なものがあります。

もちろん限界はありますよ。たとえば、その企業が台湾独立支持だと知られていれば、それはいくらお金をもらっても書けないわけです。

日本では信じられないことでしょうが、『人民日報』に載っている記事の三分の一は共産党の宣伝で、三分の一はお金を取って載せている記事で、残りの三分の一がまあ普通の記事なんですね。そういう構造になっていますから、ジャーナリストたちは、この利権を手放してなるものかと、一所懸命に中国共産党のご機嫌をとる記事を書くわけです。彼らの利権の根拠は中国共産党の独裁政権にあるわけですからね。

ですから中国ジャーナリズムの世界では、真実とは何か、ジャーナリストの使命とは何かなんて問題外なんです。共産党の命令に従って共産党から利権をもらい、もらった利権を使っていかに自分たちの利益を生み出すか、これが彼らの第一の目的になってしまっています。

呉 その点では韓国もひどいものです。韓国の大手企業にはどこにも、マスコミの取材を受ける部署があります。その部署では何をやるかというと、マスコミがおたくの会社についてこんな記事を書きたいといって取材にやって来たときに、そのお礼にということでマスコミになにがしかのお金を支払うんです。取材するほうがじゃなくて、取材されたほうがお礼をするんですよ。企業だけではなく、中央の行政機関にも、地方の行政機関にも同じようにマスコミを扱う部署があって、そのための予算がちゃんとあるそうです。

取材を受けるほうとすれば、お金をあげなければ、何を書かれるかわからないという心理が働きますよね。そこを狙って彼らは会社にやって来るわけで、こんなことでは公正なジャーナリズムが育つはずがないんです。

石 韓国も中国と同じに、昔から儒教の文化があるのでそういうことが習慣になっているんでしょうね。儒教社会では賄賂《わいろ》は当たり前、古くからの伝統なんですね。日本だったら、大記者が企業からお金をもらって記事を書くことが、習慣的に行なわれるなんて、とうてい考えられないことですね。やったらこれは大問題で、メディアそれ自体の汚点となり、ジャーナリストは確実に首になってしまう。それが民主国家では当然のことですけれど。

黄 私は七〇年代の後半から、アメリカやヨーロッパのジャーナリストや、台湾国内から逃げ出したジャーナリストと、いろいろな形で付き合うようになりました。そういう彼らに、今の中国のジャーナリストのなかで、本当に使命感をもって、良心をもって、中国の未来のために命をかけてもやりたいというような人はどれくらいいるんですかって、よく訊《たず》ねるんですよ。どうなんでしょうか、一〇〇人のなかに一人いるかいないか、といったところですか？

石　そんなにたくさんいたんならいいんですけどねえ（笑）。私なんかは「一万人のなかに一人でもいてくれればいいのになあ」と思っていますね。先ほどもいいましたように、構造的にどうしようもない状態になっているわけですから、いくら志があっても実際にそれを実行することは不可能です。中国のジャーナリストは、本当の意味でのジャーナリストではけっしてなくて、中国共産党のために仕事をする代わりに中国共産党から独占的な利権をもらっている、特権階級の一つなんですね。ですから、「優秀なジャーナリスト」といわれる人ほど独裁政権を支持しています。

『歴史の終わり』を書いたフランシス・フクヤマによれば、年収が一万ドルを超えると自動的に中産階級が出てきて民主化が進むというのが一般的な民主化の理論だけれど、中国だけは違うというんですね。どこが違うかというと、中国では中産階級が自分の特権を守るために、逆に民主化に反対するんだというんです。結論的にいえば、これはまさしく的を射ていると思います。

Books Kiosk
新大阪店
Telephone : 06-6307-2610

領　収　証
毎度ありがとうございます。
6/3　ONEPICE70巻　発売
買上日:2013年06月27日(木) 21:57
店NO:05868 レジNO:1000 レシートNO:3424
扱者:21,担当21
[売 上]

日本人は中国人・韓国人と根本的に
@1,050　x1　1,050
小計　1,050

合計(1点)　1,050
(内消費税 5.0%　50)
預り(現金)　1,050
釣銭　0

新版あとがき……石平

黄文雄さん、呉善花さんとの鼎談本である「帰化日本人」が初版されたのは今から五年前の平成二〇年である。その時の私はまた、帰化したばかりのホヤホヤの「新日本人」であったが、今は、自分が「帰化人」であることをもう忘れてしまうほど、すっかりと日本国民の一人となっているつもりである。

私の場合、特にこの数年間、私生活の面でも大きな変化があった。平成二三年にはそれこそ生粋な日本人である大阪出身の女性と結婚して、翌年の二四年にはわが長男の誕生を迎えた。

結婚してからは妻の実家がある大阪府の堺市に移住している。家の近くに仁徳天皇陵があって、時々その周辺を散歩して「仁徳さん」にご挨拶している。思えば、仁徳天皇の時代には、多くの渡来人が日本にやってきてそのまま日本に住み着いた。そして今、彼らの子孫は完全な日本人となっていることは言うまでもない。歴史はこうして、民族の伝統と文化を作り上げていくのである。

わが家の場合にしても、私自身が一応帰化人であるが、うちの長男は生まれた時からすでに日本人である。そして私の子孫は今後、やはり日本人としてこの国で生きていくこととなろう。そういう意味においても、私はこれから、日本国と日本民族の未来永劫の安泰と繁栄を願ってそのために何かしなければならない立場なのである。それは結局、私の残りの人生の最大の使命でもある。

そして五〇年後あるいは一〇〇年後、私の子孫がどこかにある（おそらく堺市にある）私の墓参りにやってくることとしよう。その時、彼らは、この国が依然として繁栄と安泰であること、自分たちがたいへん幸せであることを報告してくれるならば、私も静かに安らかに、この日本の地で永眠できるのであろう。おそらくその時となってこそ、私はもはや帰化人ではなく、むしろ一人の日本人として永遠の命を得ているのではないか、とつくづく思う次第である。

平成二五年四月

新版あとがき……呉 善花

異文化理解については一般に、異質性を強調する態度はよくない、異文化との共通理解や相互理解への道を開いていこうとする態度が重要なのだと言われます。正論なのかもしれませんが、現実的ではないと思います。つまり実際的な異文化理解にはあまり役立たないだろうということです。

私の体験から言っても、いかに異質的かという大きな驚き、ほとんど理解し難いと思える強烈な実感、そうした心の衝撃なしには、異文化理解への道が本格的に開かれることはないはずなのです。より異質性の方に態度を開き、次々にやって来る異質感覚を徹底的に思い知っていく体験が、異文化理解の出発点にはなくてはならない不可欠のものだと思います。

日本人はだいたい、お互いに共通点を探り合いながらよしみを通じていこうとします。おそらくは、異文化の住人に対しても、無意識にこうした意識が働いているだろうと思います。

それはそれで大切なことですが、ややもすると異質な違いへの関心を深めることなく、せっかくの異文化理解のチャンスを逃してしまうことになりがちです。また、できるだけ対立・衝突を避けようとする気持ちが働いて、異質な違いには触れないようにしてしまう。そういう傾向が日本人に多くみられます。

本書は、日本にとっては異文化の、中国、台湾、韓国からそれぞれ日本にやって来て日本に長らく住み着いている三人が、「日本人はこんなにも違う」と言いたい放題言ってのけた鼎談だと言えばよいかと思います。

われわれ三人が育った国の文化・習慣・価値観・民族などと、日本のそれとがどれほど違うものかを、できるだけくっきり浮かびあがらせていこう。そして、われわれ三人が共に体験してきた、日本および日本人の「心から敬意を感じずにはいられない偉大なる異質性」をお話ししていこう。これが本書の趣旨であります。

平成二五年四月

●著者略歴

黄　文雄（こう・ぶんゆう）

1938年台湾高雄州岡山郡（現在の高雄県岡山鎮）に生まれる。64年留学のために来日。早稲田大学商学部卒業後、明治大学大学院文学研究科博士前期課程修了。拓殖大学日本文化研究所客員教授。台湾独立建国連盟日本本部委員長。『中国の没落』がベストセラーとなり評論家へ転身。以後、日本を中心に活動し、94年には台湾ペンクラブ賞を受賞する。著書に『2008年の国難』『日中戦争は侵略ではなかった』『日本人はなぜ中国人、韓国人とこれほどまで違うのか』他多数有り。

呉　善花（お・そんふぁ）

1956年韓国生まれ。大東文化大学（英語学）卒業後、東京外国語大学地域研究科修士課程（北米地域研究）終了。拓殖大学国際開発学部教授。韓国時代に４年間の軍隊経験有り。東京外大大学院時代に発表した韓国人ホステスに関する『スカートの風』が大ベストセラーに。他に『攘夷の韓国 開国の日本』（山本七平賞受賞）『「日帝」だけで歴史は語れない』『韓国倫理崩壊1998-2008』『虚言と虚飾の国・韓国』等多数有り。

石　平（せき・へい）

1962年中国四川省成都生まれ。84年北京大学哲学部卒業。95年神戸大学大学院文化学研究科博士課程修了。拓殖大学客員教授。北京大学在学中に毛沢東洗脳教育から目覚め、その後中国民主化運動に没頭。89年の天安門事件をきっかけに祖国中国と「精神的に決別」。2002年「在日中国人」として評論活動に入る。著書に『私はなぜ中国を捨てたのか』『中国人だから見える日中の宿命』『売国奴』『2013年の「中国」を予測する』（ともに共著）他多数有り。

石平公式サイト
http://www.seki-hei.com/

日本人は中国人・韓国人と根本的に違う

2013年4月30日　初版発行
2013年6月1日　2刷発行

著　者　黄文雄　呉善花　石平
発行者　岩崎 旭
発　行　株式会社李白社
〒162-0815 東京都新宿区筑土八幡町5-12　相川ビル2F
電話　03-3513-8571　FAX　03-3513-8572
URL　http://www.rihakusha.co.jp
発　売　株式会社徳間書店
〒105-8055 東京都港区芝大門2-2-1
電話　販売　048-451-5960
振替　00140-0-44392

＊本書の内容に関するお問い合わせは発行元の株式会社李白社へお願いいたします。

印刷・製本／半七写真印刷工業株式会社

ISBN978-4-19-863602-9　Printed in japan
乱丁・落丁本はお取り替えいたします。